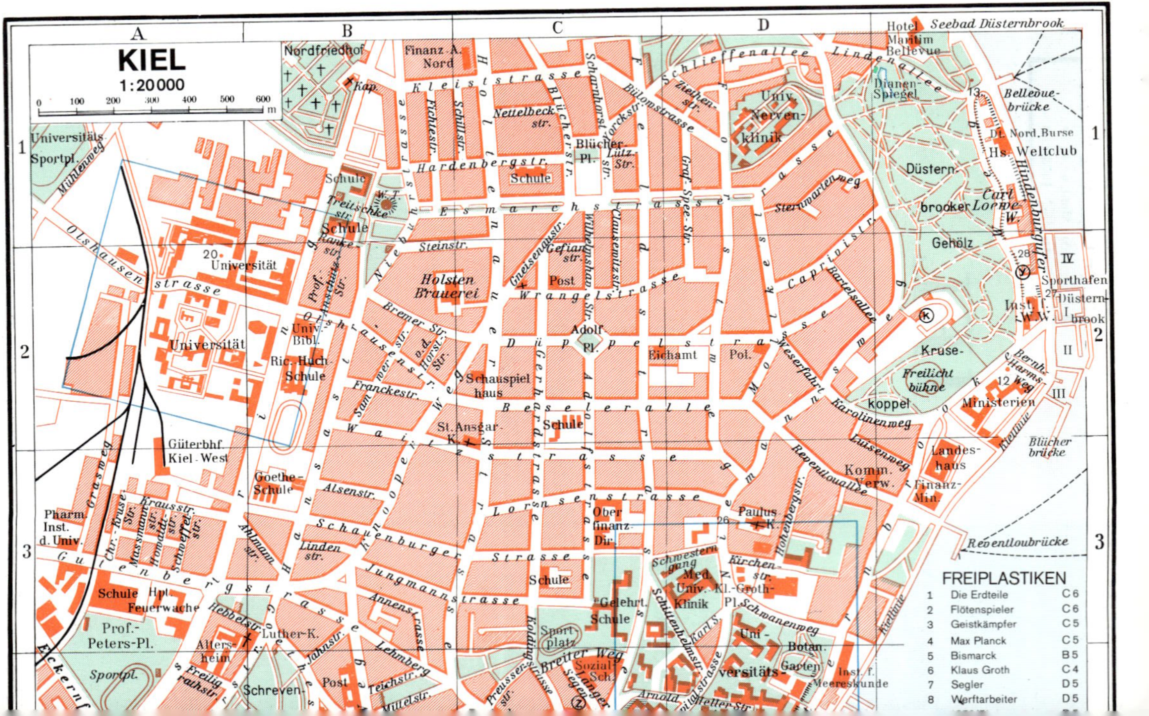
KIEL
1:20000
0 100 200 300 400 500 600 m
A B C D
1 2 3
Nordfriedhof
Finanz-A. Nord
Kap.
Kleiststrasse
Holtenauer Strasse
Fichtestr.
Schillstr.
Nettelbeckstr.
Hardenbergstr.
Blücherstr.
Blücher-Pl.
Lutz-Str.
Scharnhorst
Yorckstr.
Bülowstrasse
Ziethenstr.
Schlieffenallee
Lindenallee
Univ. Nervenklinik
Hotel Maritim Bellevue
Seebad Düsternbrook
Dianen-Spiegel
Bellevue-brücke
Dt. Nord. Burse
Hs. Weltclub
Düsternbrooker Gehölz
Carl Loewe-W.
Hindenburgufer
Sporthafen
Inst. f. W.W.
Düsternbrook
Kruse-koppel
Freilicht bühne
Bernh.-Harms-Weg
Ministerien
Blücher brücke
Landes-haus
Finanz-Min.
Komm. Verw.
Reventlouallee
Reventloubrücke
Karolinenweg
Luisenweg
Weserfahrt
Bartelsallee
Caprivistr.
Sternwartenweg
Esmarchstrasse
Universitäts-Sportpl.
Mühlenweg
Olshausenstrasse
Universität
Schule
Treitschkestr.
Ranke-str.
Prof.-Anschütz-Str.
Steinstr.
Niebuhrstr.
Holsten Brauerei
Gneisenaustr.
Gefionstr.
Post
Wilhelmshav. Str.
Clausewitzstr.
Graf-Spee-Str.
Wrangelstrasse
Bremer Str.
Olshausenstr.
Univ. Bibl.
Ric. Huch Schule
Adolf Pl.
Düppelstrasse
Eichamt
Pol.
Moltkestrasse
Schauspiel haus
Gerhardstrasse
Adolfstrasse
Beselerallee
Francke str.
Samwer str.
St. Ansgar-K.
Waitzstrasse
Güterbhf. Kiel-West
Goethe-Schule
Alsenstr.
Lornsenstrasse
Ober finanz-Dir.
Paulus-K.
Hohenbergstr.
Feldstrasse
Pharm. Inst. d. Univ.
Grasweg
Chr.-Kruse-Str.
Massmannstr.
Krausstr.
Howaldtstr.
Schweffelstr.
Ahlmannstr.
Lindenstr.
Schauenburger Strasse
Jungmannstrasse
Annenstrasse
Gutenbergstrasse
Schule
Hpt. Feuerwache
Prof.-Peters-Pl.
Sportpl.
Hebbelstr.
Alters-heim
Luther-K.
Jahnstr.
Lehmberg
Teichstr.
Mittelstr.
Freiligrathstr.
Schreven-
Eckernf
Kirchen-str.
Schwesterngang
Med. Univ. Klinik
Kl.-Groth-Pl.
Schwanenweg
Gelehrt. Schule
Sportplatz
Breiter Weg
Sozial-Sch.
Langer Segen
Koldingstrasse
Preusser-str.
Schittenhelmstr.
Karl S.
Universitäts-
Uni-Botan. Garten
Inst. f. Meereskunde
Arnold-Heller-Str.
Kiellinie
FREIPLASTIKEN
1 Die Erdteile C6
2 Flötenspieler C6
3 Geistkämpfer C5
4 Max Planck C5
5 Bismarck B5
6 Klaus Groth C4
7 Segler D5
8 Werftarbeiter D5

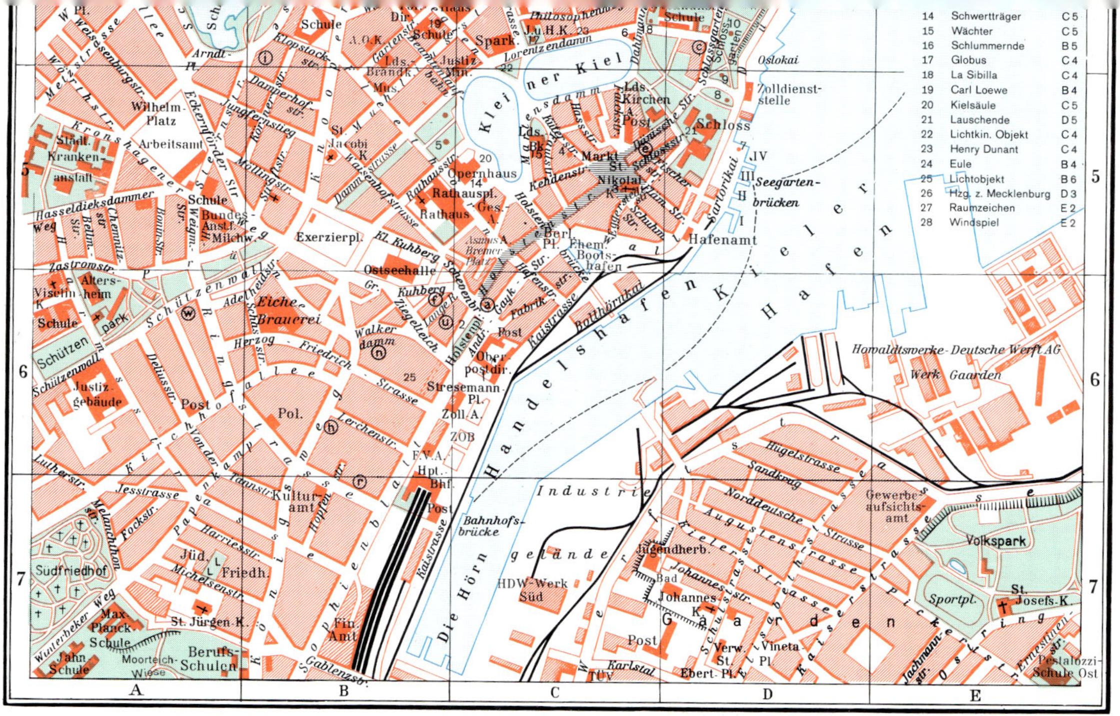

Kart. Inst. G. Schiffner, Lahr/Schwarzw.

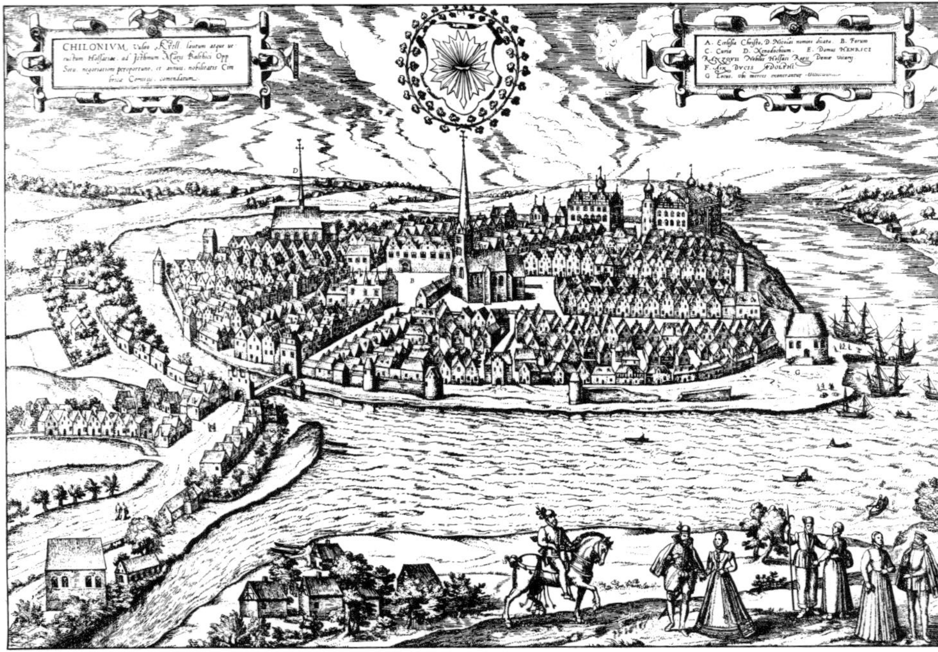
CHILONIVM Vulgo Kyell. lautum atque ue-
rustum Holsatiae, ad Isthmum Maris Baltici Opp
Situ, negotiationi peropportune, et annuis, nobilitatis Cim
bricae Comitiis, comendatum.
A. Ecclesia Christo, D. Nicolai nomine dicata. B. Forum
C. Curia D. Xenodochium. E. Domus HENRICI
RANZOVII Nobilis Holsati Regij Daniae vicarij
F. Arx DVCIS ADOLPHI.
G Locus, ubi merces exonerantur
A
B
D
E
F
G

KIEL

KURZER STADTFÜHRER

VON

O. BRANDT, E. BORGWARDT.

KARL BAEDEKER

3. AUFLAGE

MIT 17 KARTEN UND PLÄNEN

UND 33 ZEICHNUNGEN

KARL BAEDEKER · FREIBURG

1977

VORWORT

Kiel war die erste Stadt, die wir in der Reihe unserer kurzen Stadtführer vorgestellt haben, und wir freuen uns, nun ihrer Fortentwicklung mit einer dritten Auflage des Bändchens folgen zu können.

Dem Besucher überall praktische Hinweise zu geben und, vom Sichtbaren ausgehend, den Geist und Charakter einer Stadt erstehen zu lassen, das ist seit mehr als einem Jahrhundert das Ziel unserer Reisehandbücher. *Karl Baedeker* (1801–59), der Gründer des Verlages, hatte schon 1846 geschrieben: "Als Handelsstadt gewinnt Kiel täglich größere Bedeutung", und so nahm die Stadt in unseren Landschaftsbänden immer größeren Raum ein, bis sich der Verlag 1963 zu einem eigenen Bändchen Kiel entschloß, das die Stadt nun in ihrem Gang durch ein weiteres Jahrhundert begleiten soll.

Die 3. Auflage bearbeiteten Bundesbahndirektor a.D. Dipl. Ing. *Otto Brandt* und *Dr. Ernst Borgwardt*, der seit Jahrzehnten in Kiel ansässig ist. Ihnen und zahlreichen ungenannten Freunden der roten Bücher, die mit Hinweisen und Auskünften geholfen haben, gilt unser Dank, namentlich aber Herrn Verkehrsdirektor *Richard Schmigalla* für die Förderung der Neuauflage. Die Zeichnungen stammen aus der Feder von *Gerhard Gronwald* († 1965) und *Katja Ungerer* (Stuttgart). Die Pläne und Grundrisse bearbeitete die Kartographische Anstalt *Georg Schiffner* in Lahr.

STERNCHEN (*) als Mittel zur Hervorhebung bedeutender Bau- und Kunstwerke, Naturschönheiten, Aussichten oder auch besonders guter Hotels und Restaurants hat Karl Baedeker 1844 eingeführt; sie werden auch hier verwendet.

Irrtümer und Fehler lassen sich nie völlig vermeiden, auch ist in unserer schnellebigen Zeit die Gestalt einer Stadt stetigem und raschem Wandel unterworfen. Für Berichtigungen und Verbesserungsvorschläge sind wir daher stets dankbar.

Freiburg im Breisgau *Karl Baedeker*

1. AUFLAGE 1962
2. AUFLAGE 1970
3. AUFLAGE 1977

Printed by Rombach & Co GmbH, Freiburg/Br.
Satzherstellung: Fotosatz W. Schiffner, Lahr
ISBN 3-87954-081-0

INHALT

I. PRAKTISCHE ANGABEN 8

II. GESAMTBILD UND GESCHICHTE 13

III. DIE INNENSTADT 27

IV. DIE AUSSENVIERTEL 56

V. DIE UMGEBUNG 81

KARTEN UND PLÄNE

I. PRAKTISCHE ANGABEN

Auskünfte. *Fremdenverkehrsamt,* Auguste-Victoria-Str. 16 (gegenüber ZOB). Mo–Do 9–16, Fr 9–15.30 Uhr, T. 9012300–03, Tagungs- und Stadtauskünfte, Rundfahrten, Prospekte. – *Verkehrsverein der Landeshauptstadt Kiel e.V.,* Hauptbahnhof. Mo–Sa 8.30–19 Uhr, T. 62230, 63660, Quartiervermittlung, Stadtauskünfte, Wechselstube (13–15 Uhr geschlossen); Außenstelle Kiel-Schilksee, Olympiazentrum, T. 392344. – *Fremdenverkehrsverband Schleswig-Holstein,* Adelheidstr. 10, T. 64011.

INFORMATIONSBLÄTTER. *Kieler Nachrichten,* Tageszeitung; *Kieler Express,* Wochenzeitung; *Veranstaltungsprogramm,* monatlich; *Theater in Kiel,* monatlich.

POST: *Hauptpost,* Stresemannplatz 1, T. 591–1, 5 Min. vom Hauptbahnhof, postlagernde Sendungen, Nachtschalter. – Fernsprechansagedienst: Zeit 119, Wetter 1164, Theater/Kino 1151, Fahrplanhinweise 11531–33, Fernsprechauskunft: 118 (Inland), 00118 (Ausland), Küstenfunkstelle Kiel Radio 39011.

KONSULATE: Belgien, Chile, Dänemark, Finnland, Madagaskar, Niederlande, Norwegen, Österreich, Panama, Paraguay, Schweden, Togo.

Fernverkehr. BUNDESBAHN: *Hauptbahnhof* für alle Strecken der Bundesbahn und der 'Kiel-Schönberger Eisenbahn' (Mo–Fr 1 mal täglich). – OMNIBUSSE: *Zentral-Omnibusbahnhof* neben dem Hauptbahnhof für KVAG (14 S, 25, 44 S, 54) und alle sonstigen Linien. AUTOBAHN: *A 215* als Anschlußstrecke an die *A 7 Hamburg-Flensburg,* die 20 km südöstlich von Kiel vorbeiführt. – BUNDESSTRASSEN: Die *B 4, B 76, B 202* kreuzen Kiel, die B 404, B 502, B 503 gehen von Kiel aus.

SKANDINAVIEN-FÄHREN: Ab Oslokai täglich nach Oslo (im Winter mehrmals wöchentlich – s. Fahrpläne –) mit MS "Kronprins Harald" und MS "Prinsesse Ragnhild" (13.000 bzw. 8.500 BRT; 1000 bzw. 550 Passagiere, 860 bzw. 530 Schlafplätze, 400 bzw. 230 PKWs). Fahrtdauer: ca. 19 St., Buchungsbüro T. 91281. – Nach Göteborg täglich mit MS "Stena Olympica" und MS "Stena Scandinavica" (je Schiff 7.000 BRT, 1100 Passagiere, 850 Schlafplätze, 250 Pkws). Fahrtdauer: ca. 13 St., Buchungsbüro T. 51251. – Nach Korsör täglich außer Mo. – Nach Nyborg nur Mo. – Nach Bagenkop auf Langeland mehrmals täglich mit MS "Langeland" oder "Andreas Gayk", Fahrtdauer etwa 2½ Stunden.

Stadtverkehr. Den Stadtverkehr versehen eine Straßenbahnlinie (4), die im Norden an der Kanalfähre Wik-Holtenau beginnt und um den Hafen herum bis zur Schwentinemündung nach Wellingdorf führt (11,4 km), ferner 20 Omnibuslinien der *Kieler Verkehrs-A.G. (KVAG),* die auch die Fördeorte (Schilksee, Strande, Heikendorf, Laboe) anfahren.

PRIVATWAGEN: *ADAC,* Saarbrückenstr. 54, T. 6 61 45, Notruf und Pannendienst täglich 7–22 Uhr, T. 6 44 60; *A.v.D.,* Touristik-Büro, Martensdamm 2, T. 9 50 50. – PARKHÄUSER: *City-Parkhaus,* Eggerstedtstr. 4, T. 9 48 83; *Kieler Parkgaragen,* Holtenauer Str./Lornsenstr., T. 5 50 54; *Parkhaus* Flämische Str. 15, T. 9 53 54; *Kaufhaus Karstadt,* Wall/Eggerstedtstr., T. 9 20 77; *Kaufhaus Weipert,* Hafenstr./Kaistrasse, T. 9 12 80; *Kaufhauses Hertie,* Thaulowstr., T. 6 62 66; *Parkhaus am ZOB,* Auguste-Viktoria-Straße, T. 67 26 26; *Schloß-Garage,* Dänische Str., T. 9 33 34.

STADTRUNDFAHRTEN (mit Rathausbesichtigung) jeweils So. 10 Uhr ab Auguste-Viktoria-Straße (gegenüber ZOB). Auskünfte: Fremdenverkehrsamt. – AUSFLUGSFAHRTEN fast täglich durch KVAG (T. 7 01–2 34), Autokraft (T. 6 30 91).

SCHIFFAHRT. Die *Fördeschiffahrt* wird von der KVAG betrieben mit Schiffen für 300 Personen, sog. Wasseromnibussen. Beginn am Bahnhof. Fahrtdauer Bahnhof – Strande etwa 1¼ St, täglich etwa alle ½ bis 1 St. nach Fahrplan, im Winter etwas eingeschränkt (mit Anlegen in Falckenstein, Schilksee, Strande). Ferner vom Seegarten über Reventloubrücke zur Schwentinemündung nach Neumühlen. (nur werktags). Kanalfähre Wik-Holtenau im Pendelverkehr.

Schwentinetalfahrten im Sommer von Neumühlen bis zum Heegholz, 1 km vor der Oppendorfer Mühle, Fahrtdauer etwa ⅓ St., So. halbstündlich und stündlich, Wo. 2 mal täglich. Kanaldurchfahrten von und nach Rendsburg (kombiniert mit einer Busfahrt) mehrfach monatlich nach Ausflugsplan. – Während des Sommers fast täglich Tages-, Kaffee- und Abendfahrten in See (Dauer ca. 4 St.) mit Bäderschiffen der KVAG bis zum Leuchtturm in der Kieler Bucht. – Abendfahrten mit Tanz; Tagesfahrten zu den Dänischen Inseln. – *Hafenrundfahrten* regelmäßig Mi, Sa und So mit MS 'Mönkeberg' 14 Uhr ab Bahnhofskai.

Hotels. Es wird eine Auswahl von Hotels aufgeführt. Die hochgestellte Ziffer hinter dem Hotelnamen bezeichnet die Preislage eines Einzelzimmers einschl. Bedienungszuschlag (15%), Mehrwertsteuer (11%) und Frühstück. Hotel[1] = 55–102 DM; Hotel[2] = 35–54 DM; Hotel[3] = 26–34 DM, Hotel[4] = 18–25 DM. Im Stadtplan ist die Lage der Hotels durch Buchstaben im Kreis bezeichnet. **Maritim-Bellevue*[1] (E 1), 210 B, Bismarckallee 2, T. 3 50 50; **Conti-Hansa* (D 4 : c), 110 B, Schloßgarten 7, T. 4 09 01; *Kieler Yachtclub*[1+2] (E 2 : y), 100 B, Hindenburgufer 70, T. 8 50 55; *Astor*[2] (C 6 : a), 71 B, Holstenplatz 1, T. 9 30 17; **Kieler Kaufmann*[2] (E 2 : k), 68 B, Niemannsweg 102, T. 8 50 11; *Wiking*[2] (A 6 : w), 61 B, Schützenwall 1, T. 6 33 66; *Flensburger Hof*[2+3] (B 6 : f), 100 B, Gr. Kuhberg 9, T. 9 11 14; *Erkenhof*[3] (C 5 : e), 40 B, garni, Dänische Straße 12, T. 9 50 08; *Berliner Hof*[3] (B 6 : r), 100 B, Ringstr. 6, T. 6 20 57; *Consul*[3] (B 6 : n), 70 B, Walkerdamm 11, T. 6 30 15; *Zum Fritz Reuter*[3] (C 4 : z), 70 B, Langer Segen 5, T. 56 10 16; *Muhl*[3] (B 6 : u), 25 B, Lange Reihe 5, T. 9 51 55; *Ingeborg*[3] (B 4 : i), 20 B, Goethestr. 7, T. 9 15 57; *Schweriner Hof*[4] (B 6 : h), 48 B, Königsweg 43, T. 1 64 13.

In den Vororten (s. Umgebungskarte): *Olympia-Hotel*[1], 450 B, Schilksee, Drachenbahn 20, T. 3 90 76; *Eiderkrug*[3], 34 B, Schulensee, Hamburger Chaussee 349, T. 6 53 44; *Holtenau*[3], 47 B, Holtenau, Kanalstr. 33, T. 36 13 22; *Fördehochhaus*[3], 50 B, Friedrichsort, Stettiner Platz, T. 39 20 01; *Dietrichsdorfer Hof*[3], 45 B, Dietrichsdorf, Heikendorfer Weg 54, T. 2 61 08; *Hansa-Hof*[4], 40 B, Elmschenhagen, Preetzer Chaussee 146, T. 78 20 11; *Centralhotel Wick*[3+4], 30 B, Elmschenhagen, Preetzer Chaussee 123, T. 78 32 46; *Birke*[4], 32 B, Hasseldieksdamm, Martenshofweg 2, T. 52 14 08; *Holsteiner Hof*[4], 23 B, Gaarden, Johannesstr. 38, T. 73 19 23; *Prieser Strand*[4], 32 B, Friedrichsort, Prieser Strand 7, T. 39 10 90.

Jugendherberge. *J. H. Johannisberg* (C 7), Gaarden, 530 B, T. 73 14 88

Campingplätze (s. Umgebungskarte). *Falckenstein,* am westlichen Fördeufer, 2 km nördlich von Friedrichsort; *Möltenbö* in Heikendorf, T. 04 31/24 13 16; *Laboe,* am Marine-Ehrenmal, T. 0 43 43/78 17; *Bonanza,* in Wendtorf; *California* bei Schönberg, T. 0 43 44/95 91; *Hinrichsen,* bei Schönberg, T. 43 44/5 03; *Grönwohld* bei Krusendorf im Dän. Wohld, T. 0 43 08/5 54.

Restaurants. **Restaurant im Schloß* (D 5), mit Hafenblick; **Ratskeller,* Fleethörn 9 (B 5); *Alt-Kiel,* Eggerstedtstr. 13 (C 5), in originellen Altstadtkulissen; *Münchener Löwenbräu,* Markt 14 (C 5), mit Musik; *Die Alte Wache,* Alter Markt (C 5); *Astor,* Holsteinplatz 1 (C 6), Dachgarten; *Bierkontor,* Kl. Kuhberg 2 (B 5); *Königspilsener,* Willestraße (C 5); *Börse,* Kehdenstr. 24 (C 5); *Steakhaus Rob Roy,* Lange Reihe 7 (B 6); *Ochrid,* Bergstr. 17 (C 4), jugoslaw. Küche; *La bonne auberge,* Holtenauer Str. 53 (B 3); *Rauchfang,* Brunswiker Str. 26 (C 4); *Feinschmecker,* Feldstr. 65 (C 2), gelobt; *Shanghai,* Kl. Kuhberg 32 (B 5), chines. Küche; *Tai Ping,* Wilhelminenstr. 21 (B 4), chines. Küche; *Polynesien,* Steinstr. 1 (C2), Südsee-Einrichtung und Speisen.

AUSSICHTSGASTSTÄTTEN. *Astor-Dachgarten,* Holstenplatz 1; *Arkaden-Café,* Reventloubrücke (E 3); *Maritim-Bellevue* (E 1). – Am Kanal: *Fördeblick,* Holtenau, Am Kai 20, mit Blick auf die Kieler Förde; *Hoheneck,* an der Hochbrücke, Friedr.-Voß-Ufer 57; *Margaretental,* in Suchsdorf, am Kanal. – *Zum Seefischmarkt,* in Wellingdorf, Wischhofstr. 1, Fischgerichte; *Drathenhof,* im Freilichtmuseum Molfsee; *Flughafenrestaurant,* Holtenau, Boelckestraße, Segelflugbetrieb; *Meeresblick* in Schilksee, Strandpromenade, beim Olympiasegelzentrum.

Cafés. *Allianzhaus,* Holstenbrücke 8 (C 5); *Rolfs,* Schloßgarten 5 (D 4); *Fiedler,* Holstenstr. 92 (C 5); *Henningsen,* Kehdenstr. 1 (C 5); *Studio,*

Wilhelminenstr. 10 (B 4); *Hinz,* Holtenauer Str. 82 (C 3); *Forstbaumschule,* Düwelsbeker Weg (jens. E 1), Gartencafé.

Theater. *Opernhaus* (C 5), Rathausplatz, 915 Plätze, Oper, Operette, Musical, Ballett; *Schauspielhaus* (C 2), Holtenauer Str. 103, 600 Plätze, Schauspiel und Niederdeutsche Bühne; *Studiobühne* im Schauspielhaus, 100 Plätze, Gegenwartstheater; *Studentenbühne,* Westring (B 2), Experimentiertheater, Dichterlesungen.

Konzerte. *Großer Konzertsaal,* am Schloß, Symphonie- u. Solistenkonzerte, Orgelkonzerte; *Kleiner Konzertsaal,* im Schloß, Konzerte des Kieler Kammerorchesters. – KIRCHENMUSIK: Orgelkonzerte in *St. Nikolai,* in der *Pauluskirche,* Niemannsweg, *Christuskirche,* Kronshagen, u.a.

Ausstellungen. *Ostseehalle* und *Fördehalle* (B 5, 6) für Messen und gewerbliche Ausstellungen. – KUNSTAUSSTELLUNGEN: *Kunsthalle* (D 4); *Stadtmuseum* im Warleberger Hof (C, D 5); *Universitätsbibliothek* (B 2), moderne Kunst; *Brunswiker Pavillon* (D 4) des Bundes Bildender Künstler, Brunswiker Straße; *Sonninhalle* und *Schauenburger Halle* im Schloß (D 5), Kunst und Kultur, Fotografie; *Pommernstiftung* im Rantzaubau des Schlosses.

Sport. *Nordmarksportfeld* (Pl. jens. A 3), Eckernförder Chaussee/Mühlenweg, Pferdeleistungsschau, Motorradsport u.a.; *Holsteinstadion* (Pl. jens. A 1), Projensdorfer Straße/Mühlenweg, Fußball (Holstein Kiel). – Ruder- und Segelsport: Clubhäuser und Liegeplätze der Boote am *Hindenburgufer,* in *Schilksee* und an der *Schwentine.*

FÖRDEBÄDER. Am Westufer: *Düsternbrook, Holtenau, Falckenstein,* mit Kinderstrand; *Schilksee* und *Strande.* Am Ostufer: *Alt-Heikendorf, Möltenort, Laboe.*

Besuchszeiten der Sehenswürdigkeiten

Aquarium (S. 47): täglich 10–19, Nov. bis April 10–17 Uhr.

Antiken-Sammlung (S. 44): Di, Mi, Fr 10–13, Mi 15–20, Sa 15–18 Uhr.

Botanischer Garten (S. 45): Mo–Fr 8–16, Sa 8–13, So 9–12, Gewächshäuser Di u. Fr 14–16, So 9–12 Uhr.

Brandschutzmuseum (S. 33): Mo–Fr 9.30–12.30 Uhr.

Freilichtmuseum (S. 60) in Rammsee: 1. April–15. Nov. Di–Sa 9–17, So 10–18, 16. Nov.–31. März So 10–16 Uhr.

Kennedy-Haus (S. 29): Mo 12–20, Di–Fr 12–18 Uhr.

Kieler Stadtmuseum (S. 36): Di–Sa 11–13, 14–17, So 10–13 Uhr.

Kunsthalle (S. 43): Di–So 10–13, Di–Sa 15–18, Mi bis 20 Uhr mit Führungen.

Landesgeschichtliche Sammlung (S. 39): Di u. Do 10–13, 15–19, Mi 10–13 Uhr, jeden 1. u. 3. So d. Monats 10–13 Uhr.

Marine-Ehrenmal Laboe (S. 79) sowie *Unterseeboot U 995:* im Sommer täglich 9–ca. 18 Uhr, in den Wintermonaten 9–ca. 16 Uhr.

Mineralogisch-Petrographisches und *Geologisch-Paläontologisches Museum* (S. 52): Mi 14–18 Uhr.

Nikolai-Kirche (S. 34): Mo–Fr 9–12, 14–17.30, Sa 9–13 Uhr.

Olympia-Flamme (S. 29): 16. III.–15. V. 18.30–20.30, 16. V.–31. VIII. 21.30–23, 1. IX.–15. XI. 18.30–20.30, 16. XI.–15. III. 16.30–20.30.

Planetarium, Knooper Weg 54 (S. 55): Führung und Vortrag für Gruppen von 20–40 Pers. Tel. 3 44 29.

Rathaus (S. 30): Führung mit Turmfahrt (im Sommer) Mo–Fr 9.30, 10.30, 11.30 Uhr.

Schauenburger Halle im Schloß: wechselnde Ausstellungen Di und Do 10–13, 15–19, Mi 10–13, So 11–13 Uhr.

Schleusen des Nord-Ostsee-Kanals (S. 70) Wik und Holtenau: täglich bis zum Einbruch der Dunkelheit.

Stadtarchiv im Rathaus: Mo–Do 8–16, Fr 8.15–15.30 Uhr.

Stiftung Pommern (S. 41): Di–Fr 10–13, Di–So 14–18 Uhr.

Theatergeschichtliche Sammlung (S. 53): nach Voranmeldung.

Völkerkunde-Museum (S. 44): Di–Sa 10–17, So 10–13 Uhr.

Zoologisches Museum (S. 44): Di–Sa 10–17, So 10–13 Uhr.

Souvenirs. 'Kieler Dukaten' und 'Umschlags-Thaler' bei allen Banken. – Buddelschiffe, Koggen, Spleißen und Knoten aus Tauwerk in Geschenkartikelgeschäften. – 'Kieler Tropfen' (Kräuterlikör), 'Kieler Sprotten', Holsteiner Katenwurst und Aalrauchmettwurst.

Bücher und Karten. Die angegebenen Preise waren 1976 gültig.

BILDBÜCHER: *Arp,* Flug über Kiel, 9.80 DM; *Kamphausen/Magnussen,* Kiel, 19.80 DM; *Mielck,* Farbiges Kiel, 9.80 DM; *Nafzger* Kiel, 6.80 DM; *Sievert,* Kiel. Einst und jetzt, 24 DM; *Sievert,* Kieler Ereignisse in Bild und Wort, 19.80 DM; *Talanow,* Kiel. Modernes historisch gesehen, 12.90 DM.

GESCHICHTE: *Eckardt,* Alt-Kiel in Wort und Bild, 75 DM; *Jensen,* Seestadt Kiel, 38 DM; *Jensen/Rickers,* Andreas Gayk und seine Zeit, 34,50 DM; *Kaufmann,* Das Alte Kiel, 34 DM; *Kleyser,* Kleine Kieler Wirtschaftsgeschichte 1242–1945, 10.80 DM; *Landgraf,* Bevölkerung und Wirtschaft Kiels im 15. Jahrhundert, 26 DM; *Leisner,* Feiern, Feste und Vergnügen im alten Kiel, 16.80 DM; *Lorenz,* Ein halbes Jahrtausend Kieler Umschlag, 11.80 DM; *Waterstradt,* Landesgeschichte auf Kieler Straßennamen, 4.50 DM.

BAUDENKMÄLER: *Kamphausen,* Schleswig-Holsteinisches Freilichtmuseum, 25 DM und Viele Dächer unter einem, 8 DM; *Seebach,* Das Kieler Schloß, 56 DM; *Thiede,* St. Nikolai in Kiel, 5.50 DM; *Seebach,* Schierensee, 80 DM.

PLÄNE UND KARTEN: *Amtlicher Stadtplan* 1 : 20 000, 4.50 DM; *Falkplan* 1 : 14 000 bis 1 : 40 000, 3.30 DM; *Atlascoplan* 1 : 20 000, 4 DM; *Bollmann,* Bildstadtplan (1976), 4.90 DM. – *Landesvermessungsamt,* Kiel und Umgebung 1 : 75 000, 3.80 DM; 1 : 25 000, 1 : 50 000, 1 : 100 000 je 2.90 DM.

II. GESAMTBILD UND GESCHICHTE

1. Stadtbild und Bevölkerung

Das *Wappen* der Stadt ist aus dem silbernen holsteinischen Nesselblatt auf rotem Grund gebildet und ist mit einem schwarzen Boot belegt. Es weist auf die Schiffahrt hin, die bei der Gründung der Stadt ausersehen war, ihr die eigentlichen Impulse zur Entfaltung zu geben.

Kiel, Landeshauptstadt von Schleswig-Holstein, liegt am Südende der 17 km tief ins Land einschneidenden Kieler Förde, etwa 100 km nördlich von Hamburg und je 80 km von Flensburg und Lübeck entfernt. Mit 261 643 (1975) Einwohnern und einer Fläche von 11 000 ha ist sie die größte Stadt und als Universitätsstadt geistiger Mittelpunkt des Landes. Mit einem ausgezeichneten Naturhafen versehen und an einem der wichtigsten Schiffahrtswege gelegen, ist Kiel eine bedeutende Werft- und Hafenstadt, mit beachtlicher, seit dem Krieg z.T. neu angesiedelter Industrie. Auch als Marinehafen spielt die Stadt mit Kommandostellen und Ausbildungsstätten wieder eine Rolle. Durch den aufblühenden Linienverkehr nach den skandinavischen Ländern ist Kiel zu einem Tor nach Norden geworden, zugleich auch Einkaufsstadt für Gäste von dort.

Kiel ist Sitz der Landesregierung sowie zahlreicher Landes- und einiger Bundesbehörden und Landesämter, so Landesarbeitsamt, Oberpostdirektion, Wasser- und Schiffahrtsdirektion, Landeszentralbank, Landwirtschaftskammer, Industrie- und Handelskammer, Landeskirchenamt u.v.a., auch Verwaltungssitz vieler Fachverbände und Landesvereinigungen.

Das Stadtgebiet hat eine Landgrenze von 75,6 km bei 20 km nordsüdlicher und 12 km ostwestlicher Ausdehnung und ist in 30 namentlich bezeichnete Stadtteile gegliedert. Die angrenzenden Kreise sind Plön und Eckernförde/Rendsburg. Der höchste Punkt im Stadtgebiet ist mit 74,2 m der Wohlersberg in Rönne.

Das Stadtgebiet gliedert sich in:

Bebaute Fläche	2826 ha	Forsten	486 ha
Verkehrsfläche	930 ha	Wasserfläche	233 ha
Grünanlagen	442 ha	Sonst. Flächen	267 ha
Landwirtschaft	5755 ha	Gesamtfläche	10939 ha

Der Kern des Kieler Stadtgebietes liegt um den Kieler Hafen, das Südende der Kieler Förde. Auf der Westseite liegen die Stadtteile *Altstadt* (1), *Vorstadt* (2), *Exerzierplatz* (3), *Damperhof* (4),

Brunswik (5), *Düsternbrook* (6) und *Blücherplatz* (7). Auf der Ostseite erstrecken sich hinter den Werften und Industriebetrieben die Stadtteile *Gaarden/Ost* (12), *Ellerbek* (16), *Wellingdorf* (17) und – jenseits der Schwentinemündung – *Neumühlen-Dietrichsdorf* (21).

Im Westen wird die Innenstadt umschlossen von den Stadtteilen *Ravensberg* (9), dem Sitz der Universität, *Schreventeich* (10) und *Südfriedhof* (11), an die sich weiter außen *Hasseldieksdamm* (15), *Mettenhof* (25) und am Kanal *Suchsdorf* (23) anschließen.

Das schmale Band nördlicher Vororte beginnt mit *Wik* (8) diesseits des Kanals, *Holtenau* (18) jenseits des Kanals, *Friedrichsort* (20), *Pries* (19) und *Schilksee* (24). Nach Süden greift das Kieler Stadtgebiet weit aus. Hier liegen zunächst *Gaarden/Süd* mit *Kronsburg* (13), nach Südwesten *Hassee* (14) und *Russee* (26), nach Südosten *Wellsee* (29) und *Elmschenhagen* (22). Den Abschluß nach Süden bilden die ehem. Dörfer *Meimersdorf* (27), *Moorsee* (28) und *Rönne* (30).

Klima. Wer das Kieler Wetter kennt, besitzt einen Regenmantel. Die Großwetterlage über Schleswig-Holstein steht unter dem bisweilen rasch wechselnden Einfluß von Azorenhoch, Islandtief und im Winter einem stabilen Hoch über dem zentralen Rußland. Kiel liegt damit im Übergang vom atlantischen zum zentraleuropäischen Klima. Dank der wärmespeichernden Ostsee, die im November noch 5° wärmer ist als die Luft, sind die Winter warm, feucht und nebelreich. Die Temperatur liegt meist bei 0 Grad; Fröste (bis −13°) sind selten. Schnee fällt nicht allzu viel, seine Decke bleibt selten lange liegen. Frühling und Frühsommer können sich gegen die dann als Kältespeicher wirkende Ostsee erst spät durchsetzen; April und Mai bieten aber die meisten heiteren Tage. Die Sommer sind kühl, feucht und kurz, nur an 5 Tagen des Jahres steigt das Thermometer über 25°. Schuld daran ist der leichte Wind von der Ostsee her, der ab 10 Uhr aufbrist und dadurch entsteht, daß sich das Land bei Sonneneinstrahlung schneller erwärmt als das Meer, die warme Luft dort aufsteigt und kältere vom Meer her nachsaugt. Im Hochsommer regnet es so viel und so häufig (im Juli und August jeweils 80 l/qm), daß man diese Periode "monsunartig" nennen kann. Gewitter blitzen und donnern am ehesten im Juli. In Kiel fällt an 200 Tagen des Jahres Niederschlag, der geringste im Februar. Die Luftfeuchtigkeit – im Januar 91 % und im trockenen Mai noch 77 % – ist hoch und läßt das Gras gut gedeihen. Nebel ist an 30 Tagen des Winterhalbjahres nicht so häufig wie z.B. im nahen Neumünster (45 Tage). Die Hauptwindrichtungen sind West und Südwest, wobei der Wind am stärksten und häufigsten im Winter bläst und dann relativ warme atlantische Luftmassen heranschleppt.

Bauwerke. – Aus Kiels mittelalterlicher Zeit haben sich als älteste Bauten vom *Franziskanerkloster* (13. Jh.) ein Kreuzgangflügel und das Refektorium, von der *Nikolaikirche* (13./14. Jh.) nur aufgehendes Mauerwerk an Schiff und Turm erhalten, ferner Kellergewölbe (jetzt Gaststätte) vom vernichteten alten *Rathaus*. Auf den ursprünglichen Bestand des nach dem Krieg neu errichteten Hauptbaues des *Schlosses* (Ostflügel) gehen nur noch ein gewölbtes Kellerverlies (Weinstube) und die Granitverblendung am Sockel zurück, während

STADTTEILKARTE

Kiel	1802 ha	1923 Kronsburg	69 ha
Hammer	195 ha	1924 Neumühlen-D.	400 ha
1869 Brunswik	277 ha	1939 Elmschenhagen	655 ha
1901 Gaarden-Ost	311 ha	1958 Suchsdorf	760 ha
1909 Projensdorf	229 ha	1959 Schilksee	606 ha
1910 Wellingdorf	420 ha	1963 Mettenhof	158 ha
1910 Ellerbek	89 ha	1970 Russel	398 ha
1910 Gaarden-Süd	618 ha	1970 Meimersdorf	766 ha
1910 Hassee	369 ha	1970 Moorsee	557 ha
1910 Hasseldieksdamm	293 ha	1970 Wellsee	501 ha
1922 Holtenau	515 ha	1970 Rönne	479 ha
1922 Pries	376 ha	1961-70 aus Ldkr.	230 ha
1922 Friedrichsort	132 ha	1976 Kiel	11 005 ha

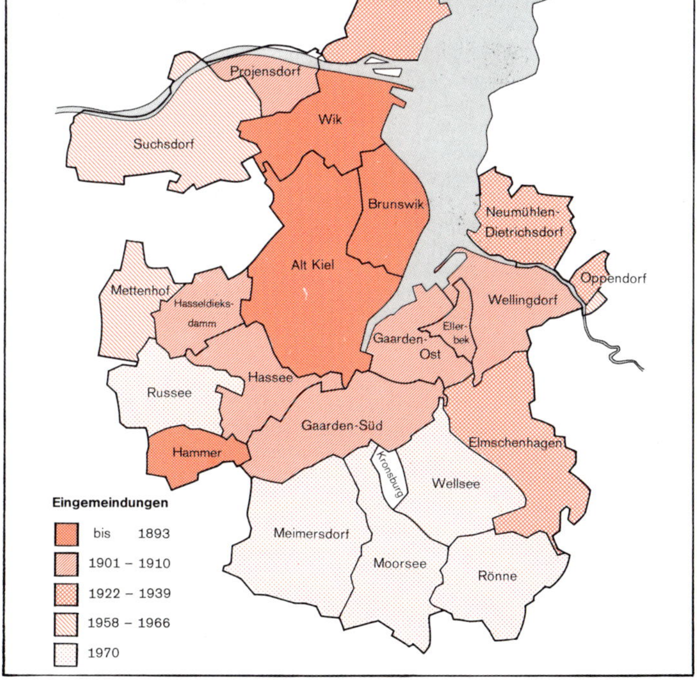

der Westflügel an der Dänischen Straße, *Rantzaubau* genannt, vom Ende des 17. Jh. (heute Sitz der Pommernstiftung) im wesentlichen erhalten geblieben ist. Von den alten Adelshöfen hat nur der *Warleberger Hof* (17. Jh.) überlebt (heute Stadtmuseum). "Gute Beispiele alter Herrensitze im Umkreis der Stadt sind *Schierensee* (1782) und *Emkendorf* (1795) im Westenseegebiet, *Knoop* (um 1790) am Kanal.

Zeugnisse des Historismus in der Baukunst sind die *Humboldtschule* (1876) am Knooper Weg, die *Alte Universitätsbibliothek* (1884) am Schloßgarten, die *Pauluskirche* (1880; Pl. D 3) und der *Wasserturm* (1886; Pl. Bl). Im übrigen war in den Jahren des formlosen Wachstums (1871–1900) der trübrote Maschinenziegel das bevorzugte Baumaterial, doch ist von diesen häßlichen Vierteln ein großer Teil durch den 2. Weltkrieg wieder abgeräumt worden. Aus der Zeit des Jugendstils besitzt Kiel eine Anzahl guter Bauwerke: das *Stadttheater* (1908), die *Petruskirche* (1905/09) in der Wik, die *Kunsthalle* (1909), die originelle *Fischhalle* (1910) und vor allem das *Rathaus* (1911). Die 20er Jahre brachten außer dem Putzbau auch den Backsteinbau häufig unter kunstvoller Verwendung des Klinkers oder mit Hausteinschmuck verbunden, wieder zu Ehren. Beispiele dafür sind das *Landgericht* (1924) am Schützenwall, der *Sartorispeicher* (1925) am Hafen, die *Sparkassenfiliale* (1927) am Sophienblatt, das *Bankhaus Ahlmann* (1927) am Rathausplatz, das *Gewerkschaftshaus* (1927) in der Legienstraße, die *Landwirtschaftskammer* (1927) in der Holstenstraße und das sehr gestreckte *Arbeitsamt* (1929) am Wilhelmplatz.

Im Kiel der Nachkriegsjahre hat – wie in anderen Städten auch – der Betonskelettbau wachsende Verbreitung gefunden, besonders bei Großbauten. Die Kriegszerstörungen haben große Bauaufgaben gestellt. Als Lösungen bemerkenswert sind das *Kulturzentrum Schloß*, das *Universitätsviertel*, das *Universitätsklinikum*, das *Olympiasegelzentrum* in Schilksee und der umstrittene *Stadtteil Mettenhof* für 25 000 Menschen.

Groß ist die Zahl der Denkmäler und Plastiken, die Plätze und Bauten beleben, vom *Kriegerdenkmal 1870/71*, über Brütts *Schwertträger* (1912) auf dem Rathausplatz, Barlachs *Geistkämpfer* (1921) vor der St. Nikolaikirche, Munzers *Ehrenmal 1914/18* (1931) nahe der Seeburg bis zu Goedtkes *Segler* (1962) am Fördeufer vor dem Schloß.

Verwaltung. Die Verwaltung leitet die Ratsversammlung, die aus ihrer Mitte den *Stadtpräsidenten* (Chef der Legislative) wählt. Dieses Ehrenamt besteht jeweils für eine Wahlperiode. Der *Oberbürgermeister* (Chef der Exekutive) ist ein hauptberuflicher Verwaltungsbeamter, der von der Ratsversammlung für eine längere Zeitdauer (9 Jahre, 6 Jahre) gewählt wird. Der Magistrat besteht aus 18 Mitgliedern, nämlich dem Oberbürgermeister, dem Bürgermeister und fünf hauptamtlichen sowie 11 ehrenamtlichen Stadträten.

Die Bevölkerung betrug am 30. Nov. 1975: 261 643 Personen, 123 115 (47,1 %) davon männlich, 138 528 (52,9 %) weiblich. Bei der Volkszählung 1970 waren 78,7 % evangelisch, 7,7 % katholisch.

BEVÖLKERUNGSANTEILE (1975)

Studenten der Universität	11 750	Berufseinpendler	28 088
Stud. der Pädag. Hochschule	3 163	Ausbildungseinpendler	4 953
Stud. der Fachhochschulen	1 853	Ausländer	12 133

BESCHÄFTIGUNGSZAHLEN (1970)

Land- u. Forstwirtschaft	922	Verkehr u. Nachrichten	8 324
Energie- u. Wasserversorg.	1 504	Banken u. Versich.	5 758
Gewerbe (ohne Baugew.)	39 328	Dienstleistungen	14 071
Baugewerbe	9 121	Organisationen	2 790
Handel	19 924	Gebietskörperschaften	27 727

Beschäftigte insgesamt 129 469.

VERSORGUNG. Wasser: Kiel wird durch vier Wasserwerke mit aufbereitetem Grundwasser versorgt (1975: 25,1 Mio cbm). Die Werke befinden sich in *Schulensee* an der Hamburger Chaussee, in der *Wik* am Ende der Flensburger Straße, in *Pries* an der Fritz-Reuter-Straße, im *Schwentinetal* in der Gemeinde Klausdorf.

Strom: Die Stromversorgung erfolgt zu einem kleinen Teil durch die Nordwestdeutschen Kraftwerke (NWK). Abgabe 1975: 835,5 Mio kWh. Eigenanlagen der Stadt Kiel sind: das *Heizkraftwerk Wik* (Kohle/Öl/Gas) in der Schleusenstraße, das Heiz-Kraftwerk *Humboldtstraße* beim Lessingplatz (B 4) und zwei kleine Wasserkraftwerke an der *Schwentine.* Das *Gemeinschaftskraftwerk* (GKK) in Dietrichsdorf am Ostufer der Förde gehört zu 1/3 der Stadtwerke Kiel AG, zu 2/3 den NWK. Über das *Umspannwerk Kiel* im Stadtteil Wellsee ist das Netz der Stadtwerke an das der NWK und damit an das Europäische Verbundnetz angeschlossen. – Fernwärme: die Heizkraftwerke Wik und Humboldtstraße versorgen zusammen mit einem Heizwerk und einer Müllverbrennungsanlage große Teile der Stadt mit Fernwärme (Dampf und Heißwasser). Der Stadtteil Mettenhof im Westen Kiels verfügt über ein eigenes Heizwerk.

Gas: Kiel wird seit 1976 ausschließlich mit Erdgas versorgt, das von der ‘Schleswag’ über die Pipeline Stade-Kiel herangeführt (Abgabe 1975: 200 Mio cbm) und im Stadtteil Gaarden am Ostring übernommen wird. Die Verteilung erfolgt durch die Zentrale auf dem alten Gaswerk in der Wik. Im Stadtteil Rönne wurde 1972 als Speicher eine unterirdische Kaverne angelegt. Die erst 1964 eingerichtete Spaltgasanlage in der Wik wurde verschrottet.

Lebensmittel: Über einen eigenen Großmarkt für Obst und Gemüse verfügt Kiel nicht, die Versorgung mit Milch erfolgt über die Kieler Milchzentrale der *Hansano-Gruppe,* in der sich die Städte Flensburg, Hamburg, Lübeck, Kiel, Hannover, Hildesheim und Braunschweig zusammengeschlossen haben. Nördlich des Kanals ist auch die Meierei in Pries an der Versorgung beteiligt. Der neue Schlachthof wurde im südlichen Stadtteil Wellsee eingerichtet.

Entsorgung: Die *Abwasserbeseitigung* erfolgt nach dem Trennverfahren, d.h. es gibt getrennte Kanäle für Schmutz- und Regenwasser. Das Kanalnetz ist 800 km lang. Regenwasser wird auf kürzestem Wege in die Förde, die Ostsee oder den Kanal geleitet. Das Schmutzwasser wird im Klärwerk Kiel bei Bülk gesammelt, vollbiologisch geklärt und der Ostsee zugeführt. Die mechanische Stufe besteht seit 1972, die biologische seit 1975. Dieses sog. 'Bülker System' wurde in seiner Grundkonzeption schon zwischen 1895 und 1907 entwickelt. Die *Müllbeseitigung* erfolgt seit 1975 grundsätzlich durch ein Müllheizwerk. Daneben steht eine Deponie zur Verfügung, auf der die Abfallstoffe geordnet beseitigt werden.

2. Wirtschaftsleben

Kiel, das durch Bombenschäden und Demontage im letzten Krieg aufs Schwerste getroffen wurde, mußte nach 1945 mit dem Aufbau der gewerblichen Wirtschaft neu beginnen. Mit rd. DM 3.808 Mio war die Wirtschaft 1972 am Brutto-Inlands-Produkt beteiligt, und das zeigt welches Gewicht Kiel heute als Wirtschaftsraum hat. Das Bild der Stadt wurde schon immer vom Meer und den Schiffen geprägt. Von außerordentlicher Bedeutung für Kiels Wirtschaft sind die Werften.

Neben einer Reihe kleinerer Schiffbaubetriebe, die durchaus überregionale Bedeutung haben, dominiert in Kiel die *Howaldts-Werke-Deutsche Werft* (HDW) mit ihren drei Betrieben in Gaarden-Süd und Dietrichsdorf. Sie beschäftigt in Kiel etwa 9 000 Arbeitskräfte und bildet mit ihrem Hamburger Zweigwerk die größte Werft

Europas. Daneben zu nennen ist noch die leistungsfähige *Lindenau -Werft* in Kiel-Friedrichsort, die sich im Spezialschiffbau einen Namen gemacht hat. Jeder dritte Industriebeschäftigte Kiels ist heute im Schiffbau tätig und eine weitere große Zahl arbeitet in Firmen, die der Werftindustrie als Zulieferer eng verbunden sind. Damit zeigt sich zugleich, daß die Wirtschaft der Stadt etwas einseitig strukturiert ist. Es hat in der Vergangenheit nicht an Versuchen gefehlt, die Einseitigkeit der Industriestruktur zu mildern. Dazu dient unter anderem ein in Wellsee, im Süden der Stadt, ausgewiesenes Industriegebiet, das neu anzusiedelnden Industrien als Standort angeboten wird.

Bedeutend ist die Industrie für Maschinen, Motoren, Apparate und elektrischen Spezialbedarf, die Weltgeltung hat. Hervorzuheben sind: die *MaK Maschinenbau GmbH*, mit rd. 3 700 Beschäftigten (Dieselmotoren für Lokomotiven, Schiffsantriebe und Panzer, ortsfeste Motoren), *Hagenuk*, vorm. Neufeldt & Kuhnke GmbH (elektrische Präzisionsinstrumente, Meerestechnik, Fernmeldetechnik, Schiffbautechnik, Zuführautomaten), *Electroacustic GmbH (ELAC;* hochqualifizierte Phono-, Verstärker- und Lotgeräte, Schiffselektronik), *Anschütz & Co.*, weltbekannt durch Kreiselkompasse, Nautomaten und jetzt auch durch Projektoren (1200 Mitarbeiter). Von der Firma *Dr.-Ing. Rudolf Hell* stammen die berühmten Hell-Schreiber, Klischographen und andere Nachrichtengeräte. *Siemens* unterhält in Kiel ein Technisches Büro mit 800 Angestellten. Die *KVP* (Kieler Veterinär-Produkte), ein Zweigbetrieb von Bayer, stellt hier Nahrung und Pflegemittel für Tiere her. Auch zwei große Brauereien, die *Holsten-Brauerei* und die *Eiche-Brauerei*, sind in Kiel ansässig. Ein Mühlen-Großbetrieb, die *Holsatia-Mühle*, ist in Neumühlen-Dietrichsdorf tätig. Für einen charakteristischen Zweig der Lebensmittelbranche bildet die Lage am Hafen einen besonders günstigen Standort: die fischverarbeitende Industrie. Fischkonserven jeder Art, Räucherfische und schmackhafte Fischspezialitäten werden daher in den Betrieben am *Seefischmarkt* hergestellt und stellen einen beachtlichen Handelsposten dar. Das letztere gilt auch für die Produkte der Nahrungs- und Genußmittelindustrie, die im Agrarland Schleswig-Holstein eine sichere Grundlage hat und mit ihren Einrichtungen den modernsten Anforderungen gerecht wird.

Außerdem hat sich eine ansehnliche *Hafenwirtschaft* in Kiel entwickelt. So betrug der Güterumschlag im Jahre 1975 annähernd 2,6 Mio Tonnen, vorwiegend Massengüter (Baumaterial und Öl, daneben auch ein erheblich gewachsener Umschlag an Kraftfahrzeugen im Im- und Exportgeschäft).

Zentral in der Innenstadt liegt Kiels “Tor zum Norden”, der *Oslo-Kai*, dessen Fährverkehr von und nach Skandinavien 1975 ca. 1,25 Mio Fahrgäste zählte. Neben dem Oslo-Kai besitzt Kiel an der Förde und am Nord-Ostsee-Kanal mehrere gut ausgebaute Handelshäfen: den *Nordhafen* mit hohen Silobauten, ausgedehnten Bunkeranlagen und einer Container-Umschlagsanlage, den *Scheerhafen* südlich des Kanals mit einer Tanker-Löschbrücke sowie spezielle Massengutumschlagseinrichtungen, den neu errichteten und vielseitig verwendbaren *Binnenhafen Bollhörnkai* im Zentrum der Stadt, der insbesondere dem Ro-Ro-Verkehr zur Verfügung steht, und den Fischereihafen an der Schwentinemündung. Kiel als Ziel wählten 1975 über 173 000 Reisende.

3. Kulturelles Leben

Ausbildungswesen: Zur *Landesuniversität* gehören zahlreiche Institute und ein umfangreicher klinischer Bereich in der Innenstadt. Weithin bekannt sind das *Institut für Weltwirtschaft* mit einer der größten Bibliotheken der Welt in diesem Fach und das *Institut für Meereskunde* in einem Neubau an der Kiellinie. Als wichtige Forschungseinrichtung ist die *Bundesanstalt für Milchforschung* anzusehen. Im Zusammenhang mit Kiels Fischereiwesen, das im Seefischmarkt sein Zentrum hat, steht eine Außenstelle der *Bundesforschungsanstalt für Fischerei* (Hamburg). An Ausbildungsstätten sind noch zu nennen: eine *Pädagogische Hochschule,* eine *Fachhochschule* mit den Fachbereichen Technik und Sozialwesen, sowie den Abteilungen Betriebswirtschaft und Gestaltung (ehem. Muthesius-Kunstschule). Ferner sind zu nennen eine *Wirtschaftsakademie* und die *Fachschule des Deutschen Foto- und Kinohandels.*

Museen und Sammlungen. Die *Kunsthalle,* besitzt mehr an neuzeitlicher Malerei, Plastik und Graphik als sie in ihren derzeitigen Räumen zeigen kann. Eine beachtliche Gemäldesammlung kann die *Stiftung Pommern* im Rantzaubau des Schlosses zeigen. Im Quertrakt des Schlosses ist die *Landesgeschichtliche Sammlung* zu besichtigen, im Warleberger Hof der Altstadt das neue *Kieler Stadtmuseum.* Besonders sehenswert ist das *Freilichtmuseum* schleswig-holsteinischer Bauernhäuser in Rammsee. Aus Universitätsinstituten hervorgegangen sind die kleineren Museen für *Geologie, Mineralogie, Theatergeschichte, Völkerkunde und Zoologie.* Der bekannte *Botanische Garten* in Düsternbrook wird bald durch einen neuen Botanischen Garten im Universitätsgelände ergänzt werden, das Institut für Meereskunde verfügt über ein reichhaltiges *Aquarium.* Als *U-Boot-Museum* in Laboe fungiert ein echtes U-Boot aus dem 2. Weltkrieg, in dem man den langen Weg von Bauers Kieler 'Brandtaucher' bis heute ermessen kann. Über ein *Brandschutzmuseum* dürften nur wenige Städte verfügen.

Theater, Konzerte, Vorträge. Den Bühnen der Landeshauptstadt Kiel stehen das Opernhaus, das Schauspielhaus und die Studiobühne zur Verfügung; außerdem besteht seit 50 Jahren eine

Niederdeutsche Bühne und seit kurzer Zeit auch eine Studentenbühne.

Für Symphoniekonzerte und Kammermusiken stehen die Konzertsäle am und im Schloß zur Verfügung. Dort schaffen auch die großzügig angelegten Räumlichkeiten einen schönen Rahmen für Kongresse, Sitzungen, Feste, sowie für Kunst-, Geschichts- und besondere Fachausstellungen. Die weiträumige Ostseehalle dient Versammlungen, gewerblichen Ausstellungen, Sportfesten und Showveranstaltungen. Durch die zahlreichen wissenschaftlichen Vereine ist auch das Vortragswesen rege; hervorzuheben ist die 1875 gegründete 'Gesellschaft für Kieler Stadtgeschichte'.

Volksfeste. Ein besonderer Anziehungspunkt der Stadt ist der in ihr gepflegte Segelsport. Segelregatten sind im Sommer auf der Außenförde an der Tagesordnung, gekrönt im Juni durch die Kieler Woche, den traditionellen Höhepunkt im Jahreslauf der Stadt.

Die erste *Segelregatta* auf der Kieler Förde wurde im Jahre 1882 abgehalten. Der Gedanke, jährliche Segelwettkämpfe durchzuführen, gewann schnell an Boden, und seit 1895 als die Blicke der Welt sich zur Eröffnung des Kanals auf Kiel richteten, ist der Name 'Kieler Woche' allgemein in Gebrauch. Seitdem bedeuteten die jährlichen Kieler Wochen für die Stadt Festwochen. Die Beteiligung – auch ausländischer Segler – wuchs von Jahr zu Jahr. Nach 1948 blieb man ständig bemüht, das seglerische Geschehen durch Sport und Spiele, besondere Theaterprogramme, Gastdarbietungen, oft aus dem Ausland, durch wissenschaftliche Vorträge, Kulturpreise, Ausstellungen usw. zu ergänzen. Aktuelle Leitthemen sollen von diesem Forum aus Weltoffenheit, Verständigungswillen und Friedensbekenntnis bezeugen.

Gleichwohl bleibt auch heute der Segelwettkampf das entscheidende Wesensmerkmal der Kieler Woche. Segler vieler Nationen mit über 15 Bootstypen wie Pirat, Korsar, Finndinghy, Flying Dutchman, Folkeboot, Drachen, Star, Kiel- und Schwertzugvögel, Marinekutter und die großen Kreuzeryachten verschiedener Klassen. Gesegelt wird überwiegend auf den nach Wind und Wasserbewegung besonders geeigneten und ausgelegten Regattabahnen der Außenförde von Schilksee seewärts. Höhepunkte sind die großen Kreuzerregatten nach Eckernförde, Fehmarn, Flensburg und die Seeregatta um den Senatspreis der Freien und Hansestadt Hamburg. Wie 1936 war die Stadt Kiel dafür ausersehen, 1972 die Segelolympiade durchzuführen.

Wieder in Gang gebracht zur Belebung des winterlichen Kiel wurde 1975 der *Kieler Umschlag*, ein seit 1431 aktenkundiges Volksfest mit Tagen der Marktfreiheit, das nach 1900 erloschen war. Unter der Symbolfigur des Kieler Bürgermeisters Asmus Bremer (18. Jh.) beleben im Februar eine Woche lang Verkaufs- und Festzelte die Plätze der Innenstadt und Delegationen aus anderen Bundesländern und aus Skandinavien werden empfangen.

Kiel steht in einem Partnerschaftsverhältnis zu den Städten *Brest* (Frankreich), *Coventry* (England) und *Vaasa* Finnland. Patenschaften hat die Stadt übernommen für *Tilsit* (Ostpreußen) und *Sonderburg* (Dänemark).

Alljährlich wird der *Kulturpreis der Stadt Kiel* verliehen, dessen Träger bisher waren:

1952 Emil Nolde, Maler
1953 Eduard Erdmann, Pianist
1954 Reinhold Tüxen, Landschaftsgestalter
1955 Andreas Gayk, Oberbürgermeister
1956 Egon Holthusen, Schriftsteller
1960 Wolfgang Liepe, Hebbel-Forscher
1961 Detlef Kraus, Pianist/Hal Koch, Theologie)
1962 Lilli Martius, Kunsthistorikerin
1963 Wilhelm Lehmann, Schriftsteller
1964 Bernhard Minetti, Schauspieler
1965 Wilhelm Neveling, Architekt
1966 Peter Ronnefeld, Komponist
1967 Per Haekkerup, dän. Politiker
1968 Rudolf Hell, Erfinder
1969 Isang Yun, korean. Komponist
1970 Fritz Baade, Wirtschaftswissenschaftler
1971 Troels Fink, Kgl. Dän. Generalkonsul
1972 Peter Cornelius, Fotograf
1973 Stanislaw Lorentz, poln. Kunsthistoriker
1974 Hans-Jürgen Heise, Lyriker und Essayist
1975 Hilda Heinemann
1976 Alfred Kamphausen, Kunsthistoriker

4. Stadtgeschichte

Die Stadt Kiel wurde zwischen 1233 und 1242 von dem holsteinischen Grafen Adolf IV. von Schauenburg gegründet. Dieser schuf nach seinem Sieg über König Waldemar II. von Dänemark bei Bornhöved im Jahre 1227 durch Gründung von Städten in seinem Gebiet eine neue Lebensordnung. Mit der Gründung Kiels setzte er dabei den Schlußstein. Im Jahre 1242 erhielt die Stadt durch seinen Sohn Graf Johann I. das lübische Stadtrecht.

Der *Name* der Stadt geht offenbar auf das Gewässer zurück, an dem sie liegt, die Förde, worauf auch der alte Sprachgebrauch 'Holstenstadt tom Kyle' hinweist. Sinngemäß führt der kleine, um die alte Stadt herumliegende Nebenarm der Förde die Bezeichnung Kleiner Kiel. Das Wort dürfte verwandt sein mit fries. kille, dän. kilde (z.B. Roskilde), auch mit dem deutschen 'Quelle' und bedeutet wohl einfach Gewässer. Eine andere Deutung stützt sich auf mnd. kil = keil, also 'an dem Keile', nach der Keilform der Förde.

Der gewählte Platz war denkbar günstig – eine 17 ha große Halbinsel an der Westseite der Innenförde, nur durch eine schmale Landbrücke nach N mit dem Festland verbunden, nach O durch die Förde, nach S und W durch den Kleinen Kiel geschützt. Die Stadtanlage entspricht dem üblichen Gründungsschema mit Marktplatz, Kirche und Rathaus im Zentrum, von dem aus die Straßen zum Stadtrand ausstrahlen. Kennzeichnend ist das am Markt gebildete Doppelkreuz zweier parallel von den Ecken ausgehenden Straßen – im wesentlichen auch noch heute erkennbar. Am etwas ansteigenden Nordende der Stadt wurde die Burg errichtet, die bis 1459 Sitz der Grafen der Kieler Linie war.

Die Gunst der Lage an einem tief ins Land hinein schiffbaren Meeresarm, der Unternehmungssinn der neuen Bewohner, die aus dem holsteinischen Umland, aus dem altdeutschen, besonders nieder-

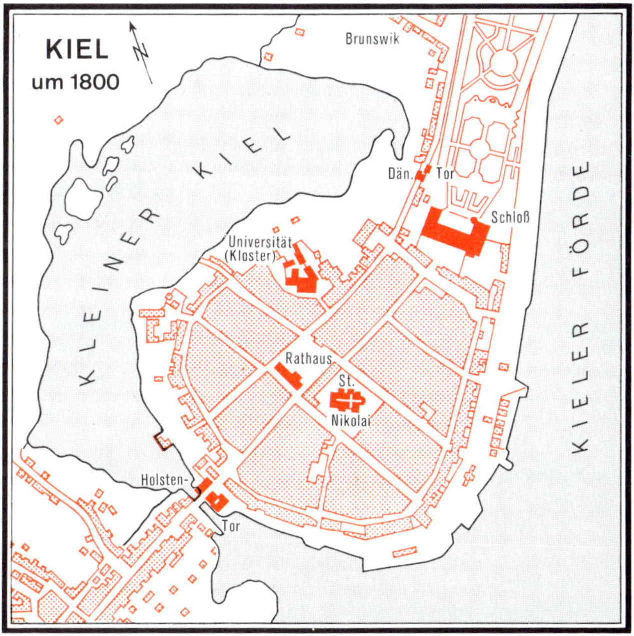

Kart. Inst. G. Schiffner, Lahr/Schwarzwald

sächsischen und niederrheinisch-flämischen Gebiet zuwanderten, vom Landesherrn gewährte rechtliche und wirtschaftliche Privilegien führten bald zu einer ersten Blüte des Gemeinwesens. Der Handel nach Skandinavien ließ sich gut an. Doch im 15. Jh. zeigte sich, daß auch bei einem vorzüglichen Hafen auf die Dauer die Verkehrslage abseits der großen Handelswege die Entwicklung zu größerer Bedeutung hemmte. Auch in der Hanse, der die Stadt 1284–1518 angehörte, hat sie niemals eine Rolle gespielt. Versuche, über Kiel eine Ost-West-Verbindung über die Eider zu schaffen – im 14. Jh. wurde hierzu in Flemhude ein Stapelplatz angelegt – schlugen im Mittelalter und auch später fehl, als in den 1630er Jahren Herzog Friedrich III. einen Seidenhandel mit Persien zu eröffnen versuchte.

Dagegen wurde für die Stadt seit dem 15. Jh. der 'Kieler Umschlag' wirtschaftlich von großer Bedeutung und über die Grenzen des Landes hinaus bekannt, ein zentraler Markt für Geldgeschäfte und Waren, der noch bis ins 19. Jh. für das ganze holsteinische Wirtschaftsleben eine Rolle spielte. Vielleicht Urheber dieses Umschlages, jedenfalls maßgeblich beteiligt war der landbesitzende Adel, der bei steigendem Wohlstand in größerer Zahl steuerlich privilegierte Stadthäuser einrichtete, was der Wirtschaftskraft der Stadt jedoch wieder Abbruch tat.

Im Dreißigjährigen Krieg hatte die Stadt sehr zu leiden. Kurz darauf, im Jahre 1665, gründete hier Herzog Christian Albrecht die Landesuniversität, die für die Stadt geistigen und auch wirtschaftlichen Auftrieb brachte. Nach dem Nordischen Krieg 1720 wurde die Stadt Residenz des Herzogs, dem Schleswig genommen war, später für drei Jahrzehnte Sitz eines Geheimen Regierungsconseils für den bis 1773 Großfürstlich russischen Anteil von Holstein. Die Eröffnung des Eider-Kanals 1784 belebte den Handel zur Nordsee. 1814 wurde im Buchwaldtschen Hof, einem im letzten Krieg vernichteten Adelssitz, der 'Kieler Frieden' geschlossen, in dem Norwegen von Dänemark an Schweden und Helgoland an England kam. Am 24. März 1848 trat im Kieler Rathaus die 'Provisorische Regierung' zusammen (Graf Reventlou, H. Beseler u.a.), um die verfassungsmäßigen Rechte der Herzogtümer gegen Dänemark zu wahren.

1865 wurde Kiel preußischer, 1871 Reichskriegshafen. Schon 1632 hatte Christian IV. von Dänemark am Eingang der Förde die Festung Christianspries (Friedrichsort) errichtet. Doch erst mit der Reichsgründung und dem Aufbau einer deutschen Flotte wurde man sich der seestrategischen Bedeutung des Kieler Hafens bewußt. Es begann ein Ausbau am Hafen, an Werften und Marineeinrichtungen, der die Stadt innerhalb weniger Jahrzehnte völlig verwandelte. Der mit allem Nachdruck betriebene Ausbau der Kriegsmarine führte zu einem so raschen Wachstum der bis dahin bescheidenen Kleinstadt von 24 000 Einwohnern (1867) zu einer Großstadt von 108 000 (1900) Einwohnern, daß ihr jede Möglichkeit eines organischen Wachstums genommen war. Formlos, häßlich, ohne Beziehung zu den landschaftlichen Gegebenheiten schossen die öden neuen Stadtteile empor.

Die einseitige industrielle Entwicklung und Überfremdung der Bevölkerung brachte die Gefahr der Anfälligkeit für politische und wirtschaftliche Krisen. Die Matrosenaufstände auf den Kriegsschiffen im Kieler Hafen wurden der Auftakt für die Novemberrevolution von 1918. Das Kriegsende brachte eine schwere Wirtschaftskrise mit sich, von der sich die Stadt nur langsam erholte; sie hatte dann aber 1943, mitbedingt durch den erneuten Aufbau von Kriegsmarine und Rüstungsindustrie, sogar 300 000 Einwohner. Doch der Zweite Weltkrieg schlug der Stadt die schwersten Wunden, namentlich 1944/45. 75–80% der Stadt wurden vernichtet, 2 800 Menschen kamen dabei ums Leben, Kiel war zum zweitenmal um seine Existenzgrundlage gebracht. Doch hat die nunmehrige Landeshauptstadt unter dem tatkräftigen Oberbürgermeister Andreas Gayk sehr bald die Trümmer der Vergangenheit weggeräumt, sich um neue, vielseitigere Existenzmöglichkeiten bemüht und – gemessen an dem Umfang der Zerstörungen – in kurzer Zeit einen achtunggebietenden Wiederaufbau und Ausbau der Stadt betrieben.

EINWOHNERZAHLEN

1730	4 500	1890	86 000	1933	218 000
1803	7 000	1910	212 000	1943	300 000
1845	14 000	1918	243 000	1945	183 000
1867	24 000	1922	204 000	1961	273 000

5. Historische Persönlichkeiten

Die Liste vereinigt in chronologischer Folge 20 Männer, die durch Geburt oder Wirken mit Kiel verbunden sind und auf ihren Gebieten überregionale Bedeutung erlangt haben.

Reventlow, Fritz, Graf, *1755 in Altenhof, †1828 in Berlin. Diplomat und schleswig-holsteinischer Politiker. War der Vorkämpfer eines deutschen Nationalgefühls in den Herzogtümern. 1800–1808 Kurator der Universität Kiel. Führer der schleswig-holsteinischen Ritterschaft. Begründete auf seinem Gut Emkendorf mit seiner Gattin Julia (geb. Schimmelmann) den literarisch-politischen Emkendorfer Kreis, der ein pietistisches Christentum vertrat und die Aufklärung bekämpfte. Klopstock, die Brüder Stolberg, Claudius, Lavater, Jacobi gehörten dem Kreis an. Die Grafen Reventlow stammen aus Dithmarschen.

Harms, Klaus, *1778 zu Fahrstedt Süderdithmarschen, †1855 in Kiel. Wirksamer Prediger und volkstümlicher Kirchenmann, von starkem Sinn für Natur und politisches Leben. Kämpfte für strenge Orthodoxie gegen den protestantischen Rationalismus und gegen Schleiermachers Gefühlsreligion. Zuerst Müller, dann Student in Meldorf und Kiel, 1806 Diakon in Lunden, 1816 Archidiakon in Kiel. Veröffentlichte zum Reformationsfeste (1817) '95 Thesen'. Schrieb u.a. eine 'Sommerpostille', eine 'Winterpostille' und eine fesselnde Selbstbiographie.

Dahlmann, Friedrich Christoph, *1785 in Wismar, †1860 in Bonn. Geschichtsforscher und Politiker. Studium in Kopenhagen und Halle, seit 1813 a.o. Professor für Geschichte in Kiel. Gab dem bisher rein ständisch geführten

Kampf der Herzogtümer gegen die dänische Krone die nationale Wendung. Als Sekretär der schleswig-holsteinischen Ritterschaft, deren Rechte er entschieden vertrat, geriet er in Gegensatz zur Regierung und ging 1829 nach Göttingen. Zählte zu den bekannten 'Göttinger Sieben'. Von König Friedrich Wilhelm IV. nach Bonn berufen, wurde er einer der bedeutendsten Köpfe der Nationalversammlung von 1848/49. Schrieb u.a. die erste kritische 'Geschichte von Dänemark' (3 Bde. 1840–43), gab des Neocorus 'Chronik des Landes Dithmarschen' heraus sowie eine 'Quellenkunde der deutschen Geschichte'.

Rehbenitz, Theodor, *1791 in Borstel (Holstein), †1861 in Kiel. Maler studierte in Wien, ab 1816 in Rom im Kreise der 'Lukasbrüder', 1832–1842 in München, danach in Kiel Universitäts-Zeichenlehrer. Illustrierte Klaus Groths Quickborn.

Droysen, Johann Gustav, *1808 in Treptow, †1884 in Berlin, Geschichtsforscher. 1840–1851 Professor an der Universität Kiel. Unterstützte durch seine Vorlesungen und Übungen die nationale Bewegung in den Herzogtümern, verfaßte 1844 die 'Kieler Adresse'. Vertrauensmann der provisorischen Regierung beim Bundestag. Lehrte später in Jena und von 1859 an in Berlin. Hauptwerk: 'Geschichte der preußischen Politik'.

Groth, Klaus, *1819 in Heide, †1899 in Kiel. Sohn eines Müllers, Mädchenschullehrer in Heide. Mußte wegen Überanstrengung seine Stellung aufgeben und lebte 1847–53 auf der Insel Fehmarn, wo er den 'Quickborn' schrieb, dann in Bonn, wo er wegen seiner Verdienste die Doktorwürde der phil. Fakultät erhielt. 1857 Habilitation an der Universität Kiel, 1866 Professor dortselbst. 1875 Schillerpreis. Mit dem 'Quickborn', einer Sammlung von Gedichten in Dithmarscher Mundart, wurde er der Begründer der neuplattdeutschen Literatur. – Eine 1949 gegründete 'Klaus-Groth-Gesellschaft' fördert sein Werk und seine Ziele.

Bauer, Wilhelm, *1822 in Dillingen, †1875 in München, Submarine-Ingenieur. Nach einer Drechslerlehre wurde er Soldat und nahm 1849 als Unteroffizier im bayerischen Hilfskorps am Krieg zwischen Dänemark und dem Deutschen Bund teil. Als Soldat im Dienste der Herzogtümer konstruierte er 1849/50 das erste Tauchboot, den von Arm- und Beinkraft betriebenen 'Brandtaucher', der Minen an feindlichen Schiffen anbringen und elektrisch zünden sollte. Bei einer Probefahrt 1851 drang Wasser ein, Bauer und seine zwei Helfer konnten aber an die Oberfläche gelangen, wogegen das Boot erst 1887 geborgen werden konnte und sich heute in Dresden befindet. Bauer schuf noch 1855 in St. Petersburg ein neues Boot, das 134 Tauchversuche bestand, bevor es versank. Der 1941 gedrehte Film 'Geheimakte W.B. 1' schildert die Geschichte des Brandtauchers. Das größte und älteste U-Boot der Bundesmarine, die 1957 in der Flensburger Förde gehobene 'U2540', steht seit 1960 als 'Wilhelm Bauer' wieder im Dienst.

Esmarch, Friedrich von, *1823 in Tönning, †1908 in Kiel. Chirurg. Wurde 1857 Professor in Kiel, 1870 Generalarzt und beratender Chirurg der preußischen Armee. Erwarb sich große Verdienste um die Kriegschirurgie und das Lazarettwesen (Samaritervereine).

Hänel, Albert, *1833 in Leipzig, †1918 in Kiel. Staatsrechtslehrer und Politiker. 1863 bis 1911 Professor in Kiel. Hauptwerk 'Deutsches Staatsrecht' (1892). Nahm an der nationalen und liberalen Bewegung in Schleswig-Holstein teil, war 1867–88 Mitglied des preuß. Abgeordnetenhauses, 1867–93 und 1898–1903 Führer der Fortschrittspartei im Reichstag.

Kröger, Timm, *1844 in Haale (Mittelholstein), †1918 in Kiel. Ging bis zu seinem 19. Jahr hinter dem Pflug. Studierte Jura, wurde Anwalt in Flensburg, Berlin, Elmshorn, Kiel. Ließ erst mit 44, von Liliencron ermuntert, seine ersten Arbeiten drucken. Wie Groth und Storm ist er ein Dichter der holsteinischen Geest und Heide, mit feinem Humor. Werke: 'Eine stille Welt' (1888), 'Der Schulmeister von Handewitt' (1894).

Liliencron, Detlev von, *1844 in Kiel, †1909 in Rahlstedt bei Hamburg. Nahm als preußischer Offizier an den Kriegen von 1866 und 1870/71 teil. Hardesvogt auf Pellworm und Kirchspielvogt in Kellinghusen. Später freier Schriftsteller in Altona. Meister der Ballade, z.B. 'Trutz, Blanke Hans', 'Pidder Lüng', 'Wer weiß wo?'.

Haupt, Richard, *1846 in Büdingen (Wetterau), †1940 in Preetz, Kunsthistoriker. Provinzialkonservator 1893–1924. Führte von 1878 an die erste große Inventarisation der Bau- und Kunstdenkmäler Schleswig-Holsteins durch (erschien seit 1886). Die Summe seiner Studien zog er in seinem großen Werk 'Die Geschichte und Art der Baukunst im Herzogtum Schleswig und in Nordelbingen' (2 Bde., 1924/25).

Planck, Max, *1858 in Kiel, †1947 in Göttingen. Theoretischer Physiker. Seit 1885 Professor in Kiel, 1912–38 Sekretär der Preuß. Akademie der Wissenschaften, 1930–37 Präsident der 'Kaiser-Wilhelm-Gesellschaft', die von 1948 an als 'Max-Planck-Gesellschaft' fortgeführt wurde. Begründete 1899/1900 die Quantentheorie, die von Einstein und Bohr weiterentwickelt wurde. Nobelpreisträger 1918.

Anschütz, Hermann, *1872 in Zweibrücken, †1931 in München. Ingenieur. Erfinder des Kreiselkompasses, den er 1908 für seine geplante Unterseeboot-Fahrt zum Nordpol ausdachte. Gründer der weltbekannten Kieler Firma Anschütz & Co. für Kreiselkompasse.

Harms, Bernhard, *1876 in Detern/Ostfriesland, †1939 in Berlin. Nationalökonom. Professor in Jena, Kiel und Berlin. Gründete 1911 in Kiel das Institut für Weltwirtschaft und Seeverkehr, das er bis 1933 leitete.

Behm, Alexander, *1880 in Sternberg/Meckl., †1952 in Kiel. Durch die 'Titanic'-Katastrophe 1912 angeregt, suchte er nach einem Verfahren, das Schiffe vor Unterwasserhindernissen schützt, und erfand das Echolot. War Inhaber der Behm-Echolotfabrik Kiel.

Geiger, Hans, *1882 in Neustadt a.d. Weinstr., †1945 in Potsdam. Physiker. Professor in Kiel, Tübingen und Berlin, Mitarbeiter am dt. Kernenergieprojekt 1944/45. Konstruierte 1913 und 1928 mit W. Müller in Kiel ein Zählrohr zum Nachweis von Elektronen, Gammaquanten oder Mesonen, genannt 'Geigerzähler'.

Ehrke, Hans, *1898 in Demmin/Pom., †1975 in Kiel. Plattdeutscher Dichter. In Schönberg und Kiel aufgewachsen. Als Verfasser vielgespielter Theaterstücke (Füer', 1925) und Erzählungen hat er dem Plattdeutschen wieder Geltung zu verschaffen gewußt und erhielt dafür 1931 den Stavenhagen-Preis, 1937 den Schleswig-Holsteinischen Literaturpreis, 1963 die Lornsen-Kette.

Salomon, Ernst von, *1902 in Kiel, †1972 in Stöckte bei Winsen. Schriftsteller. Sohn eines Rittmeisters venezian. Abkunft, Kadett in Karlsruhe und Berlin-Lichterfelde. Mit dem Glauben an die Werte des Preußentums Teilnehmer an den Freicorpskämpfen im Baltikum. 1922 wegen Beihilfe zur Ermordung Rathenaus zu 5 Jahren Zuchthaus verurteilt. Mutiger sarkastischer Erzähler autobiographischer und zeitdokumentarischer Romane, Hauptwerke: Die Geächteten (1930), Die Kadetten (1933), Der Fragebogen (1951), Deutschland – Deine Schleswig-Holsteiner (1966).

III. DIE INNENSTADT

1. Von der Hörn zum Kleinen Kiel

Am Südende der Innenstadt bildet die Förde ein 600 m langes, nur 150 m breites, aber tiefes Hafenbecken, die **Hörn** (BC 7) genannt. An ihrer Westseite liegen der *Hauptbahnhof*, ein Kopfbahnhof für alle Bahnlinien mit moderner Umschlaganlage der Post an seiner Hafenseite und, diesem gegenüber, der großzügig angelegte *Zentralomnibusbahnhof* mit 2 Parkdecks (521 Einstellplätze) und kreuzungsfreiem Fußgängerverkehr zum Bahnhof, zur Innenstadt und zur Anlegebrücke, die den Ausgangspunkt der Fördeschiffahrt bildet. Dort auch der Liegeplatz des Kieler Ausflugsschiffes "Tom Kyle". An der Westseite des Bahnhofs vorbei verläuft als Geschäfts- und Hauptverkehrsstraße das Sophienblatt, das den vom Süden in die Stadt einfließenden Verkehr aufnimmt. An seinem Beginn, am Rondeel steht der neue Hochbau der Albingia-Versicherungen als ein bis ins Stadtzentrum hinein wirksamer städtebaulicher Akzent. In seiner südlichen Achsenverlängerung erscheint im Blickfeld als Abschluß der neue Fernmeldeturm (S. 58).

Stadtwärts führt die Straße zum Holstenplatz (C 6), der nach dem Kriege entstand und als Wandelplatz mit Ruhebänken ausgestaltet ist. An seiner Nordseite "Der Flötenspieler", eine bronzene Brunnenfigur von Goedtke (1962). Um den Platz stehen stattliche moderne Bauten. Die *Landwirtschaftskammer* (1926; Theede) mit ihrer reich und kunstvoll durchgebildeten Klinkerfassade hat den Krieg überdauert; gegenüber das langgestreckte *Hauptpostgebäude* mit der Oberpostdirektion, vor der seit 1961 an der Front zum Stresemannplatz die monumentale Bronzeplastik "Die fünf Erdteile" von Heiliger steht. An der nördlichen Schmalfront des Holstenplatzes das *Astorhochhaus* (1958–60; Streb), Geschäftshaus und Hotel, in den oberen Stockwerken mit Aussicht. An der Südseite als jüngster Bau der mächtige Kaufhausblock von Hertie mit dem Holstentörn, einer durch eine überdachte Fußgängerüberführung zugänglichen Ladenpassage im Obergeschoß. Hier steht ein "Lichtobjekt" aus Aluminium und Acrylglas (Schwichtenberg; 1974), an dem durch Knopfdruck verschiedenartige Lichteffekte hervorgerufen werden können.

Seitlich die Schevenbrücke aufwärts gelangt man zur **Ostseehalle** (B 5, 6), einer Mehrzweckhalle für Großveranstaltungen, die 1951 unter Verwendung einer Sylter Flugzeughalle gebaut wurde und rund 8000 Personen faßt. Ihr Restaurant hat Platz für 400 Gäste.

In Fortsetzung des Sophienblattes führt die Andreas-Gayk-Straße zum Berliner Platz, einem Rondell für den Fahrverkehr und Treffpunkt wichtiger Verkehrslinien, und zur Holstenbrücke. Hier ein *Gefangenenmahnmal,* das zwei sich begrüßende Menschen darstellt, Muschelkalkguß von During (1953).

Die Holstenbrücke verläuft im Zuge des Wasserlaufes, der den Kleinen Kiel mit der Förde verband und die Altstadt nach Süden schützte, jetzt aber nur noch als unterirdischer Kanal besteht. Sie bildet eine kurze, breite Straßenanlage mit Geschäftshäusern, Banken, Kinos und ist Verkehrsmittelpunkt der Stadt. An ihrem Westende (Nr. 2) das *Kennedyhaus* (Bibliothek, Vorträge, Ausstellungen). Nach rechts ist der Blick über den Berliner Platz frei zum ehemaligen *Bootshafen,* über den hinweg eine Gondelbahn das *Kaufhaus Weipert* mit seinem Parkhaus verbindet, und zur Gaardener Werft mit den imposanten Portalkränen am anderen Förderufer. Die am Rande des jetzt abgedämmten Bootshafens aufgestellte *Leuchtturmkappe* stammt vom früheren Leuchtturm Friedrichsort. Zwischen Stresemannplatz und Sartorikai wurde durch Aufschüttung der **Bollhörnkai** angelegt, eine neue Hafenanlage für Umschlag aller Art, insbesondere für den Roll-on-Roll-off-Verkehr. Neu ist auch das sechsgeschossige *Hafenbetriebsgebäude* (1976/77), geplant ein Stückgutschuppen.

Parallel zur Andreas-Gayk-Straße verläuft von der westlichen Längsseite des Holstenplatzes her die belebte, 1953 als Fußgängerzone gestaltete Holstenstraße (C 5) ebenfalls zur Holstenbrücke und weiter zum Markt. Sie ist die wichtigste Geschäftsstraße der Innenstadt.

Der **Kleine Kiel** (C 5) ist ein besonderer Reiz der Stadt, der dem Stadtzentrum städtebaulich Weite und Großzügigkeit verleiht. Er ist der Rest eines schmalen Fördearmes, der einst die Altstadt von dieser Seite her schützte. Heute sind davon noch zwei große Weiher erhalten, die von Wasservögeln belebt und von Parkanlagen eingefaßt sind. Um ihn haben bedeutende öffentliche Bauten ihren Standort: Rathaus und Opernhaus, Geldinstitute, Justizministerium, Industrie- und Handelskammer sowie die Fachhochschule Kiel, Abteilung Gestaltung (früher Muthesiusschule). Die beiden erstgenannten Bauten umschließen zusammen mit dem Bankhaus Ahlmann an der Südwestseite des Kleinen Kiel den neu gestalteten Rathausplatz, auf dem der bronzene "Schwertträger" (1912; Brütt), ehemals eine Brunnenfigur, wieder aufgestellt wurde. In Platzmitte brennt in einem gläsernen Oktogon an Sommerabenden (vgl. S. 12) eine *Olympiaflamme* zur Erinnerung an die olympischen Segelregatten von 1972. Seitlich, vor der *Landeszentralbank,* Fleethörn 26, eine Bronzeplastik, "Nachbar" von Koblasa (1972). Zwei weitere Bronzeplastiken befinden sich am nahegelegenen *Gesundheitsamt,* Fleethörn 18–24, “Mädchen mit Kind” von During (1956) und “Schlangenplastik” von Blaue und Suhr (1956).

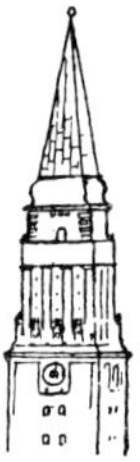

Das **Rathaus** (BC 5), von Billing 1907–11 in den Formen eines barockisierenden Jugendstiles errichtet, hatte den Krieg gut überstanden und war schon 1950 wiederhergestellt. Es ist ein langgestreckter, drei Innenhöfe bildender, über 400 Arbeitsräume einschließender Bau aus Ziegeln mit Hausteinschmuck. Die Schauseite zum Rathausplatz ist durch ihre Höhe, den bildnerischen Schmuck und das Sandsteinmaterial wirkungsvoll hervorgehoben, daneben der vorspringende Eingangsbau. Das Stadtwappen an der Fassade ist flankiert von den Wappen Schleswig-Holsteins, Preussens und des Deutschen Reiches. Der 106 m hohe, wohlgegliederte *Turm* mit dem spitzen Kupferhelm ist das Wahrzeichen der Stadt geworden. Dem *Glockenspiel* wird wegen der hohen Kosten des Gebäudes seit jeher der Reim unterlegt: “Kiel hat kein Geld, das weiß die Welt, ob’s noch was kricht, das weiß man nicht.” In der goldenen Kugel oben lagern die Baudokumente.

Von dem 67 m hohen obersten Umgang (Fahrstuhl) ein sehr lohnender **Rundblick*. Unmittelbar vor sich sieht man den durch Holstenbrücke, Kleinen Kiel und Schloßgarten abgegrenzten Altstadtbereich, dessen alter Grundriß sich durch die modernen Baublöcke hindurch noch deutlich abzeichnet. Diesen umschließen dann die neueren Viertel im N, W und S, die das Wachstum der Stadt bis zum Ersten Weltkrieg kennzeichnen. Jenseits des Hafens breitet sich der Werftindustriebereich aus mit den riesigen Docks und Portalkränen und den mächtigen Rümpfen der jeweils in der Ausrüstung befindlichen Schiffe. Dann der Kranz der neuen Randstadtteile wie Mettenhof, Steenbek-Projensdorf oder jenseits der Schwentine Dietrichsdorf. Nach Norden erstreckt sich die Förde. Unmittelbar rechts neben dem Turm der Pauluskirche, der früheren Garnisonkirche am Niemannsweg, erkennt man bei klarer Sicht das 12 km entfernte Marineehrenmal Laboe. Der Rundblick vermittelt eindrucksvoll die Gesamtgliederung der Stadt und ihre Einbettung in die hügelige Moränenlandschaft.

I n n e r e s. Die Eingangshalle mit Wandbildern von Dettmann, 1913/14, den Hoch- und Tiefbau darstellend, führt mit einigen Stufen zu einer großen R o t u n d e als repräsentativer Empfangshalle; dort ein Brunnen mit bronzener Mädchenstatue von Föry (1911). Am Fuß der Treppe ein stimmungsvoller G e d e n k r a u m für die Kieler Gefallenen und Vermißten beider Weltkriege sowie für die NS-Opfer, deren Namen in ausliegenden Büchern festgehalten sind. Vor seinem Eingang ein “Steinblatt” von Ulrich Beier (Schiefer) und gegenüber zwei kleine Bronzeplastiken von Barlach “Sinnende” (1934) und “Frierende Alte” (1937). An der Wand des linken F l u r e s die Relieffolge “Bürger bauen eine Stadt” von Blaue und

During, an der Rückwand eine 1976 angebrachte, als "Lichtmachine VI/1973" bezeichnete Konstruktion von Dipl. Physiker Ihme, die in schneller Folge farbige Lichtkompositionen produziert.

Im Obergeschoß über der unteren Rotunde wieder eine Rotunde, diese zweigeschossig und mit Marmor und Stuck verkleidet. Hier steht eine bronzene "Schwerttänzerin" von Brütt (1896), und hier hängen die Wappen von Coventry, der ersten Partnerstadt Kiels, und von der Patenstadt Tilsit, dazu ein Bild von Theodor Heuß (1956; Kluth) und eine Büste des Oberbürgermeisters Andreas Gayk (†1954).

In der anschließenden Wandelhalle, die zu den Sitzungsräumen führt, hängen Porträts der Herzöge von Holstein-Gottorf und der Könige von Dänemark, meist von unbekannter Hand, auf der linken Seite, von Oberbürgermeistern und Stadtrepräsentanten auf der rechten Seite. Beiderseits des Eingangs zum Zimmer des Stadtpräsidenten ein großes "Jüngstes Gericht" aus dem 17. Jh., das, wie auch die meisten anderen Bilder, schon das Rathaus am alten Markt geschmückt hat, ferner ein Portrait der Zarin Katharina, die mütterlicherseits mit dem Haus Holstein-Gottorf verwandt war und auch einen Herzog aus diesem Hause, den späteren Zaren Peter III., ehelichte. Zwei Sandsteinwappen von 1732, die früher am Flämischen Tor angebracht waren, flankieren die Tür zum Ratssaal. Dieser wurde nach dem Krieg mit Zuhörergalerien neu gestaltet. Die Wände schmücken Gemälde von Oberbürgermeistern und Ehrenbürgern der Stadt. Im Magistratssaal alte Ansichten, Karten und Pläne von Kiel und Schleswig-Holstein, darunter auch ein Bild des im 2. Weltkrieg zerstörten alten Rathauses von 1751.

Das Ratsherrenzimmer blieb unbeschädigt und ist deshalb noch im Jugendstil erhalten. Ein Ölbild zeigt Kiel um 1696; auf Wandtafeln gegenüber die Wappen und Amtszeiten der Kieler Ratsherren seit 1600. Unter den Portraits sind hervorzuheben die der Ehrenbürger Klaus Groth (1894) und Friedrich von Esmarch (1903). In den oberen Fluren Modelle der Stadt und ihres Wiederaufbaus.

Im Rathaus befindet sich auch das **Stadtarchiv**, das Urkunden ab 1259, Stadtbücher ab 1264, Akten ab 1575 verwahrt, dazu Karten, Pläne, Bilder, Fotos, Plaketten und Münzen von Kiel sammelt und im Lesesaal und in Ausstellungen zugänglich macht. Eintr. s.S. 12.

Die kath. **St. Nikolaus-Kirche**, hinter dem Rathaus etwas versteckt, wurde 1891–92 in neugotischen Formen erbaut und 1966–68 im Turm und in der Ausstattung in modernen Formen wiederhergestellt. Eine flache Bekrönung ersetzt den alten Spitzhelm, die Vertiefungen im Mauerwerk lassen nach allen Seiten die Form eines Kreuzes erkennen. Der Altar, das Lesepult, das Sakramentshäuschen und der

Priestersitz wurden von Paul Brandenburg (Berlin) in grünlichem Kalkstein und in Bronze neu gestaltet, der Kruzifixus am modernen Triumphkreuz ist alt (18. Jh.). Der Marienaltar, der um 1515 in den Niederlanden entstanden ist, enthält die geschnitzten Figuren von Maria, Barbara und Margaretha, flankiert von Sebastian und Dominikus; die Flügelgemälde zeigen St. Nikolaus wie er durch goldene Kugeln drei Jungfrauen freikauft. Das Vesperbild ist ein Werk des 18. Jahrhunderts. Die Glasgemälde stammen von Johannes Beeck aus Frankfurt.

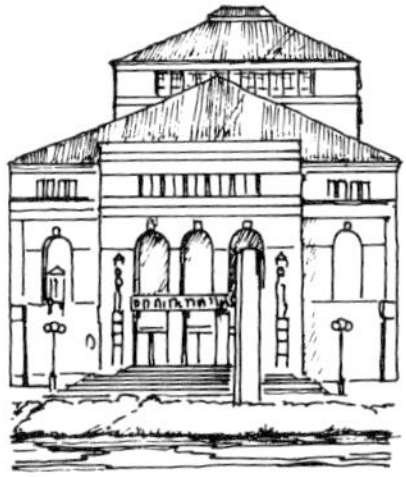

Das **Opernhaus** (C 5) kehrt die im ursprünglichen Werksteinschmuck erhaltene Eingangfront dem Kleinen Kiel zu. Der rote Backsteinbau von Seeling (1905–07) ist nach schwerer Kriegszerstörung in ruhigeren Formen wiederhergestellt, außen von Widmann und Hansen, innen modern durch Kallmorgen (1952/53). Es hat jetzt 984 Plätze. 1973 erhielt das Theater an seiner Nordwestseite einen Anbau mit dunkler Glasfassade für Werkstätten und Probenräume. – Auf den Grünanlagen ein bronzenes Bismarckstandbild von Harro Magnussen (1897). Die "Kiel-Säule" vor dem Theater ist ein Werk aus Nirostastahl von Hauser (1971). Die "Schlummernde" in der Nähe, ein großes Steinbildwerk, stammt von Engelmann (1911). Am Lorentzendamm liegt die *Spar- und Leihkasse,* deren Altbau jetzt durch einen Neubau ergänzt wird. Davor ein "Lichtkinetisches Objekt" aus Metall von Goepfert und Hölzinger (1971).

In den Grünanlagen am Kleinen Kiel steht ein Bronzestandbild des plattdeutschen Dichters *Klaus Groth* (1819–99). Die von Mißfeldt 1912 geschaffene Figur, 1946 unversehrt aus der Metallsammlung in Hamburg zurückgekehrt, steht vor einer steinernen Brunnenwand, die sechs Reliefscenen aus Groths 'Quickborn' schmücken.

Die **Landesbank und Girozentrale** (C 5), ein stattliches elfstöckiges Haus mit großer ovaler Kassenhalle, 1953–55 erbaut, bildet am Kleinen Kiel eine städtebauliche Dominante. Am Eingang die Bronzeplastik einer gelagerten Gestalt, der *Wächter,* von Lehmann (1961). In der Küterstraße, nahebei, steht seit 1958 ein Gedenkstein für *Max Planck* (Pl. 4; 1858–1947), dessen Geburtshaus sich an dieser Stelle befand.

Vom Lorentzendamm, nördlich des Kleinen Kiel, steigt das Gelände zu höhergelegenen Stadtteilen an. Am Hang ist hier eine hübsche, aufgelockerte Wohnbebauung entstanden. Mehrere Straßen und Wege führen hinauf. In Verlängerung des die beiden Weiher des

Kleinen Kiels trennenden Martensdammes führt die Bergstraße zum Dreiecksplatz. An ihrem Beginn ist die *Industrie- und Handelskammer* als gut gegliederter, niedriger Backsteinbau neu errichtet worden. Als Symbol ihrer Tätigkeit steht auf dem Grundstück ein Globus, von Symbolen des Handels und Verkehrs umgeben, ein Steinbildwerk von Hensel-Krüger. Weiter östlich am Fuß der Blocksbergtreppe das Henry-Dunant-Denkmal (Bronzerelief) von Aßmann (1963). Weiter westlich führt die "Beamtenlaufbahn" zur Gartenstraße, einem Verwaltungsbereich mit mehreren größeren Behördenbauten, so dem *Polizeipräsidium,* dem gegenüber an der Legienstraße die Fachhochschule Kiel/Fachbereich Technik mit den Fachrichtungen Elektrotechnik, Maschinenbau, Feinwerktechnik, Schiffbau und Kerntechnik liegt, ferner der Landesbrandkasse, zu der das Brandschutzmuseum gehört. Das *Brandschutzmuseum* (B 4, 5) enthält eine Lehrsammlung zur Brand- und Unfallverhütung (Strom, Blitz) mit Demonstrationsmaterial aus Unfällen sowie eine Darstellung des Feuerlöschwesens und von Feuerwehrbräuchen mit einer Sammlung historischer Fahrzeuge und Leuchtgeräte. Vor der Carl-Loewe-Schule, Ecke Garten- und Legienstraße, befindet sich eine Bronzebüste des Liederkomponisten *Carl Loewe* (Schaper, 1896; s.S. 36).

Die ehemalige **Muthesius-Werkkunstschule** – heute *Abteilung Gestaltung der Fachhochschule Kiel* – befindet sich in einem 1960 errichteten Neubau zwischen Brunswiker Straße und Lorentzendamm mit mehrgeschossigem Hauptbau und Flachbauten mit Innengärten. Sie entwickelte sich aus der 1907 eingerichteten Kunstgewerbeschule und hatte ihren noch heute gebräuchlichen Namen nach dem Architekten und Förderer der Kunstgewerbeschulen Hermann Muthesius (1861–1927). Gegenwärtig umfaßt sie drei Fachrichtungen: Architektur, Design (Informations- und Produkt-Designs) und Freie Kunst (Bildhauerei, Malerei, Keramik und Freie Grafik. Am Eingang Lorentzendamm eine Bronzefigur "La Sibilla" von Pericle Fazzini (1962), eine hockende, den Kopf aufstützende Gestalt.

2. Altstadt und Schloßbereich

Jenseits der Holstenbrücke beginnt der eigentliche ALTSTADTBEREICH (C 5), der als solcher nur noch im Grundriß erkennbar ist, da wenige Bauten den Krieg überstanden haben. Die Holstenstraße, auch in diesem Teil reine Fußgängerstraße mit Großkaufhäusern, führt leicht ansteigend zum Markt, dem Mittelpunkt der Altstadt. Der Krieg hat auch hier Bestand und Aussehen verändert. Verschwunden ist das Alte Rathaus von 1596 an der Südwestseite, vor dem 1848 die Provisorische Regierung ausgerufen wurde. Ebenfalls völlig vernichtet sind die 'Persianischen Häuser', Fachwerkwohnbauten vor der Kirche. Sie waren 1646 aus dem Material des für den persischen Handel bestimmten herzoglichen Packhauses auf der Schiffbrücke erneuert worden. Die umgebenden Geschäftshäuser sind sehr bald nach dem Krieg teils völlig neu errichtet, teils wieder instand gesetzt worden; ferner war man bestrebt, dem Markt seine Funktion als Zentralpunkt der inneren Stadt durch eine neue Gestaltung zurückzugeben, indem man auf ihm Pavillonbauten (Geschäfte, Gaststätten) errichtete und ihn durch Stufungen, Absenkungen, Umgänge, Bepflanzungen sowie durch einen Brunnen und 'Steinblumen' aus Findlingen und Kunststeinen (Sauk, 1972) zu beleben suchte. Auch die erhalten gebliebenen Keller des alten Rathauses mit ihren Kreuzgewölben kamen als Gaststätte eingerichtet wieder zur Verwendung (Tanzcafé "Alte Zeiten"). Wie die anschließende Dänische Straße und die Schloßstraße wurde auch der Markt reine Fußgängerzone. Die für seine Gestaltung gefundene Lösung, die ihn einengt und den freien Blick auf die Front von St. Nikolai beeinträchtigt, ist bei den Kielern umstritten. Das Wappenschild an der Markttreppe stammt noch vom alten Rathaus. – Ein ungewöhnliches Werk ist der **Geistkämpfer* von Ernst Barlach (1928), ein schwerttragender Engel in Bronze, auf dem Rücken einer Bestie stehend. Ursprünglich für die Universitätskirche geschaffen und dort auch aufgestellt, unter dem Nationalsozialismus geächtet und zur Vernichtung bestimmt, konnte es gerettet werden und 1954 an der St. Nikolaikirche einen würdigen Platz erhalten.

Die **St. Nikolaikirche** (C 5), Pfarrkirche des alten Kiel, ist um 1240 gegründet und vornehmlich im 14. und 15. Jh. erbaut worden. Die dreischiffige gotische Backsteinhallenkirche, 1878/84 durchgreifend restauriert, ist in den letzten Kriegsjahren weitgehend zerstört, aber ab 1950 nach Entwurf des Hamburger Kirchenarchitekten Langmaack wieder aufgebaut worden. Die stehengebliebenen Schiffswände und der alte Grundriß wurden beibehalten. Im Westen der 75 m hohe Turm, dessen Helm durch eine Spende des Reeders Grammerstorf erneuert wurde, darin die noch mit gotischen Kreuzrippengewölben versehene Eingangshalle. An ihrem rechten Durchgang sind noch Freskenreste der Legende vom Heiligen Kreuz (1. Hälfte 15. Jh.) erkennbar. Das hellgetünchte Schiff und der Chor sind durch zwei Reihen schlanker Betonpfeiler unter einer Flachdecke gegliedert.

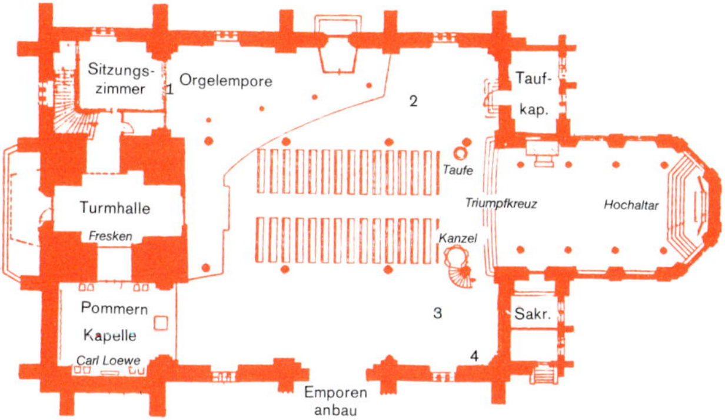

1 Rantzaugestühl, 2 Kronleuchter 1661, 3 Kronleuchter 1638, 4 Coventry-Kreuz

Von der alten Ausstattung sind alle Hauptstücke erhalten geblieben. Der *Erzväteraltar* von 1460 im Chor ist ein reich geschnitzter und gemalter Doppelflügelaltar, vielleicht in Hamburg entstanden, seit 1541 in St. Nikolai. Dargestellt sind eine vielfigurige Kreuzigung im Mittelfeld, seitlich je 10 Szenen aus der Passion in der oberen, aus dem Marienleben in der unteren Reihe. Bei geschlossenen Flügeln zeigen sich 16 gemalte Bildtafeln (u.a. aus der Josephslegende). Die Außenseiten der Außenflügel stellen sechs Franziskanerheilige dar, die Predella acht Prophetenfiguren. In der Taufkapelle ein kleiner spätgotischer *Altar mit der Jordantaufe* (um 1490). Hier und in der Sakristei noch Kreuzrippengewölbe. Die von vier Löwen getragene *Taufe* mit Reliefszenen aus dem Leben Jesu in zwei Bildreihen übereinander wurde 1344 von Apengeter in Lübeck gegossen; neu vergoldeter Taufdeckel und Taufschale aus dem 16. Jh. Die *Kanzel* ist 1705 von Allers in reichem Akanthuswerk geschnitzt, mit Apostelfiguren an der Wandung und einem mächtigen Moses als Trägerfigur. Ihren Schalldeckel krönt ein auferstandener Heiland. Die ehemalige Kanzeltür befindet sich jetzt am Eingang zur Taufkapelle. Ein monumentales *Triumphkreuz* (1490) hängt beherrschend über dem Choranfang.

Bemerkenswert feine Schnitzerei von 1543 findet sich an den zwei hohen Wangen des sog. *Rantzaugestühls* unterhalb der Orgelempore. Prächtig sind die beiden *Messingkronleuchter* von 1638 und 1661 mit figürlich durchsetzten Licht- und Zierarmen. Ein *Messingwandleuchter* zeigt St. Georg mit dem Drachen in einer Doppelvolute.

Das von der Stadt Coventry gestiftete *Coventrykreuz* ist aus handgeschmiedeten Nägeln vom Dachgebälk der dortigen zerstörten Kathedrale gestaltet. Modern sind die Orgel und die Glasgemälde. Im *Sitzungszimmer* ein Bilderzyklus "Die Hände" von der Kieler Malerin Knoop-Schellbach.

Die POMMERNKAPELLE hält die Erinnerung an die Heimat der vielen pommerschen Flüchtlinge und ihre St. Jacobi-Kirche in Stettin wach. Der Komponist Carl Loewe (1796–1869), der 46 Jahre an St. Jacobi gewirkt hatte und in Kiel starb, ist hier beigesetzt. Das *Treckfenster* und das *Jacobifenster* gestaltete Lotte Usadel (1957). Der große *Bugenhagenteppich* von Else Mögelin zeigt den Reformator Bugenhagen bei der Übergabe der schleswig-holsteinischen Kirchenordnung an König Christian III. im Jahre 1542, daneben die Städte Kiel und Stettin. Im Fußboden als *Mosaik* die Landkarte von Pommern.

In der Falckstraße, die vom Markt nach Norden führt, steht in einer Grünanlage ein Rest vom ehem. **Franziskanerkloster,** das 1241 gestiftet wurde und heute das älteste Gebäude Kiels darstellt. Der Stadtgründer, Adolf IV., verbrachte hier seine letzten Lebensjahre (gest. 1261 als Mönch), und hier war auch seit 1665 die erste Kieler Universität untergebracht. Das Gebäude wurde 1944 zerstört. Die Klosterreste wurden nach dem Krieg zu einem Heim für Theologiestudenten umgebaut, der Kirchturm von 1904 ist im oberen Teil erneuert. Erhalten sind noch das ehemalige *Refektorium* und der Westflügel des *Kreuzganges,* beide mit Kreuzrippengewölben. In diesem, an der Wand aufgestellt und von außen sichtbar, der *Grabstein Adolfs IV.* mit figürlicher Ritzzeichnung des Grafen in Mönchstracht.

Ecke Falckstraße/Dänische Straße die Zentrale der *Stadtbücherei Kiel,* die 9 Filialbüchereien, 2 Jugendbüchereien und eine Autobücherei betreut. Ihr Bestand umfaßt über 260 000 Bände.

Der *Warleberger Hof,* Dänische Straße 19, ist der letzte erhaltene Adelshof in Kiel, 1616 erbaut, 1765 umgebaut. 1909 wurde die Straßenfront zurückversetzt. Backsteinfassade mit Rocailleportal. Der völlig restaurierte Bau wurde 1970 als **Kieler Stadtmuseum** eröffnet. Vor dem Zweiten Weltkrieg hatte das Schleswig-Holsteinische Landesmuseum (Thaulow-Museum), das sich jetzt in Schloß Gottorf/Schleswig befindet, die Funktionen eines Kieler Stadtmuseums mit übernommen; nach der kriegsbedingten Verlagerung hat die Stadt Kiel Ende der 60er Jahre angefangen, ein eigenes stadt- und kulturgeschichtliches Museum aufzubauen. Der Ausstellungsschwerpunkt soll im 19. und 20. Jahrhundert liegen, insbesondere in der Darstellung der Entwicklung Kiels zur Industrie- und Großstadt. Zur Zeit werden die vorwiegend stadtgeschichtlichen Bestände in Wechselausstellungen gezeigt.

Auf der gleichen Seite das *Landeskirchenamt* der ev. luth. Landeskirche, vor dem ein Gedenkstein an den Buchwaldtschen Hof erinnert, in dem 1814 der 'Kieler Frieden' abgeschlossen wurde. Auf der anderen Seite der Schloßbereich.

Das **Schloß** (D 5), am Nordrand der Altstadt und an ihrer höchsten Stelle gelegen, ist bis auf den westlichen Flügel im Kriege zerstört worden. So ist hier 1961–65 mit kultureller Zweckbestimmung ein völliger Neubau entstanden. Die alte Burg dürfte annähernd gleichzeitig mit der Gründung der Stadt um 1240 durch Adolf IV. errichtet worden sein. Um 1580 unter Herzog Adolf von Gottorf wurde sie zu einer Schloßanlage umgestaltet mit dem Hauptbau an der Wasserseite, einem kompakten Baublock über hohem Granitsockel von ungewöhnlicher Tiefe, Renaissancegiebelschmuck rundum und zwei Türmen. Das verfallene Gebäude wurde 1763 von Sonnin im Auftrage Katharinas II. stark vereinfacht zu der Gestalt, die im wesentlichen bis zur Zerstörung bestand. Kurz vor 1700 wurden von dem Italiener Domenico Pelli nach teilweisem Abbruch der alten Gebäude auf der Süd- und Westseite Neubauten errichtet, von denen noch der Flügel an der Dänischen Straße (Rantzaubau) erhalten ist.

Das Schloß, nur zeitweise Residenz, mehrfach Witwensitz oder Wohnsitz von Angehörigen der herrschenden Familien, war eine Stätte denkwürdiger Ereignisse. 1460 ist hier der Zusatz zum Vertrag von Ripen unterzeichnet worden, der die für Schleswig und Holstein schicksalsschweren Worte enthielt: "dat se bliven ewich tosamende ungedeelt". 1727 zog Herzog Karl Friedrich mit seiner jungen Frau Anna Petrowna, Tochter des Zaren Peter des Großen, deren Sohn als Peter III. den Zarenthron bestieg, hier ein. 1773 fand auf dem Schlosse die Übertragung des Großfürstlichen Anteils, der Kielischen Lande, auf den dänischen Gesamtstaat statt, 1867 die feierliche Einverleibung Schleswig-Holsteins in Preußen. Prinz Heinrich von Preußen, der seit 1909 Großadmiral und Generalinspekteur der Marine war, hatte von 1888 bis 1918 im Schloß seinen Wohnsitz.

Der Neubau des Schlosses und die Neugestaltung des ganzen Schloßbereiches wurden 1961–65 nach den Plänen der Hamburger Architekten Sprotte und Neve vollzogen. In den Gebäuden befinden sich jetzt eine Anzahl Kulturinstitute wie die Landesbibliothek, die Landesgeschichtliche Sammlung, das Landesamt für Denkmalpflege, die Landesbildstelle, die zusammen mit den neuen Konzertsälen, Vortrags-, Konferenz- und Ausstellungsräumen ein kulturelles Zentrum der Stadt bilden. Anstelle des alten Hauptbaues an der Wasserseite steht jetzt ein Neubau aus Backstein, der in Gestalt, Umfang und Höhe dem ursprünglichen ähnelt und damit auch die traditionelle städtebauliche Rolle des Schlosses im Stadtbild, besonders von der Seeseite her, wieder wirksam werden läßt. Einer der beiden Türme ist an alter Stelle neu errichtet, die alten Granitsteine wurden an der Sockelzone des Neubaues wieder verwendet.

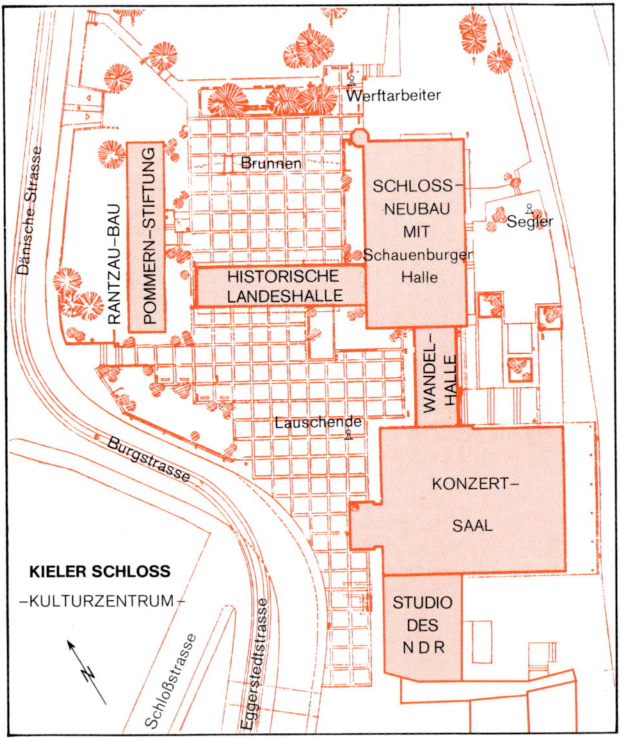

Das Untergeschoß wird von dem vielbesuchten *Schloßrestaurant* eingenommen, zu dem ein tiefes tonnengewölbtes Kellerverlies, der sog. Bacchuskeller (Weinstube), gehört, das als einziger Raum noch aus dem alten Schloß stammt. Im Erdgeschoß befinden sich der *Kleine Konzertsaal,* für Kammerkonzerte, Tagungen, Festlichkeiten gedacht, und Mehrzwecksäle mit geräumigem Foyer. Am Aufgang zum Quertrakt eine sandsteinerne Erinnerungstafel an die Zarin Katharina II. von 1765.

Im 1. Obergeschoß befinden sich die Schloßverwaltung und die sog. *Schauenburger Halle* für Ausstellungen. Hier eine Kopie der großen Bückeburger Karte der schauenburgischen Grafschaft Pinneberg von Daniel Freese (1588). Daneben für Konferenzen die stilgerecht eingerichteten drei *Städtezimmer* Flensburg, Lübeck, Kiel.

Im 2. Obergeschoß die Haupträume der **Landesbibliothek.** Diese, um 1870 als Provinzialbibliothek gegründet und hauptsächlich dazu bestimmt, Literatur zur Landesgeschichte und Landeskunde zu sammeln, hat es auf einen Bestand von über 120000 Bänden gebracht. Sie ist jedermann zugänglich und hat gut ausgestattete Lesesäle und Studienräume. Auch besitzt sie eine *Handschriften- und Autographenabteilung* mit Zeugnissen schleswig-holsteinischer Schriftsteller und Gelehrter (ca. 160000) sowie eine Zeitungssammlung. Bemerkenswert ist die *Volksliedersammlung* mit rd. 6000 Bänden.

Im 3. Obergeschoß befindet sich das *Landesamt für Denkmalpflege* mit einer zugänglichen Sammlung von etwa 100000 Abbildungen schleswig-holsteinischer Kulturdenkmäler und einer Bibliothek. Hier auch die große, für Ausstellungen verwendete *Sonnin-Halle,* genannt nach dem Hamburger Barockarchitekten, der auch am Schloß tätig war. Darüber im 4. Geschoß die *Zentralstelle für technologische Pädagogik* (Landesbildstelle), die Schulen und öffentliche Dienststellen mit Bild-, Film- und Tonmaterial versieht. Sie ist ein Teil des Landesinstituts Schleswig-Holstein für Praxis und Theorie der Schule (I.P.T.S.) und ist außerdem mit diesem für die Beratung und Fortbildung der Lehrer in den Fragen der Medien im Unterricht zuständig.

Zwischen Rantzau- und Schloßneubau, mit diesem in Verbindung und nur von ihm auch zugänglich, ist ein neuer eingeschossiger Quertrakt errichtet worden, der auf Stützen ruht und vor dem Rantzaubau endet. Diese sog. *Landeshalle* enthält Ausstellungsräume der zur Landesbibliothek gehörenden **Landesgeschichtlichen Sammlung,** die seit 1896 Dokumente zur Schleswig-holsteinischen Geschichte sammelt und betreut. Sie befand sich schon seit 1930 im Schloß, seit 1956 provisorisch in der Wik, und wurde 1968 im Schloß wieder neu eröffnet. Die Sammlung zeigt einen Teil dieser Bestände, der andere Teil befindet sich in der Landesbibliothek. Die Ausstellung steht unter dem Thema Nordelbingen, Bilder zur Geschichte Schleswig-Holsteins, ist nach historischen Perioden gegliedert und enthält zahlreiche Porträts von Persönlichkeiten, Ereignisbilder, Städteansichten, Landkarten, Kupferstiche, Münzen, Waffen, Karikaturen, Modelle. Besondere Abteilungen sind der Universität, Stadt und Schloß Kiel und dem Verkehr gewidmet.

Durch einen gestelzten Verbindungsbau, der ein geräumiges Foyer enthält, kann man vom Schloß zum benachbarten **Konzertsaal** gelangen, einem breitgelagerten, mit Quarzitplatten bekleideten Rechteckbau mit ganz in Glas aufgelöster, vertikal gegliederter Eingangsfront. Der in leuchtendem Rot, Gold und Weiß geschmückte Saal faßt bis zu 1400 Zuhörer und hat eine mächtige moderne *Orgel.*

Im Südflügel befinden sich auch die Hörfunkstudios und Redaktionsräume des *NDR-Funkhauses Kiel,* dessen Fernsehstudio sich in einem Flachbau anschließt; ein 1973 fertiggestellter Erweiterungsbau des NDR beherbergt die Fernsehredaktion sowie Technik und Verwaltungsräume.

Zu Konzertsaal und Schloßanlage führt jetzt vom Stadtzentrum außer der Schloßstraße die neue Eggerstedtstraße. Den Raum zwischen ihr und den Gebäuden nimmt der durch Plattenbelag und Grünanlagen gegliederte Schloßhof ein, auf dem ein origineller bronzener *Springbrunnen* (Beier, 1964) steht, gestaffelte flache Schalen über quadratischem Wasserbecken (abends angestrahlt). In der Nähe des Konzertsaals die bronzene Gestalt einer 'Lauschenden' von Seitz (1969). Ecke Schloßstraße als Gruß aus Oslo ein *Findling* mit der Inschrift "Hilsen fra Oslo".

WAPPENGREIF VON POMMERN

Der um 1697 errichtete *Rantzaubau,* der noch ein barockes Treppenhaus enthält, hat durch einen Irrtum seit alters diesen Namen, obgleich er mit den Rantzaus nichts zu tun hat. Das Gebäude dient der **Stiftung Pommern.** Diese wurde 1966 als Stiftung des öffentlichen Rechts durch Gesetz des Landes Schleswig-Holstein gegründet. Seit 1971 betreut sie im Auftrage der Stiftung Preußischer Kulturbesitz einen Teil der Gemälde und Graphiken des früheren Städtischen Museums Stettin, die 1945 auf die Veste Coburg verlagert worden waren. Schwerpunkt in der **Gemälde-*

galerie bilden Holländer des 17. Jh., deutsche Klassizisten und Romantiker, Maler der Biedermeierzeit sowie Realisten und Impressionisten. Die *Graphische Sammlung* enthält Zeichnungen und Druckgraphik des 19. und 20. Jahrhunderts. Die *Kulturgeschichtliche Sammlung* enthält Landkarten, Stadtansichten, Münzen, Medaillen sowie eine Bibliothek und ein Bildarchiv zur Landeskunde und Geschichte Pommerns. Ständig zugänglich ist nur die Gemäldegalerie, die übrigen Bestände der Stiftung werden in Wechselausstellungen gezeigt. Eintr. s.S.12.

Hauptwerke in der Gemäldegalerie: *Flegel,* Stilleben; *Hals,* Vornehmer Herr; *Croos,* Landschaft; *Wijnants,* Landschaft; *Strack,* Ukleisee; *Hackert,* Marinestück; *Pforr,* Kämpfende Stiere; *Olivier,* Waldlandschaft; *Most,* Schloß Stettin; *Knip,* Kloster in den Albaner Bergen; *Koch,* Römische Landschaft; *Weitsch,* Eichenwald; *Friedrich,* Gotische Stadtsilhouette, Felsenschlucht; *Runge,* Wilhelmina Hellwig; *Wasmann,* Herr von Menz; *Hildebrandt,* Italienerin; *Hosemann,* Dorfschenke; *Waldmüller,* Der Notverkauf; *Rohden,* Nemisee; *Morgenstern,* Waldbach bei Ischl; *A. Achenbach,* Trollhätta-Fälle; *O. Achenbach,* Torre del Greco; *Boenisch,* Norwegische Landschaft; *Preller,* Ostseeküste; *Schmaltz,* Blumenstrauß; *Feuerbach,* Selbstbildnis; *Habermann,* Stilleben; *Liebermann,* Gartenlokal; *Uhde,* Lasset die Kindlein zu mir kommen; *Schuch,* Mühle bei Saut de Doubs; *Trübner,* Schloß Hemsbach; *Dammeier,* Inneres der Kirche zu Hall; *Weisgerber,* Biergarten; *van Gogh,* Allee bei Arles; *Derain,* Französische Landschaft; *Utrillo,* Landschaft mit Kirche.

Der angrenzende Seegarten liegt unterhalb des Schloßbezirks, von dem eine breite Treppe sowie Promenadenwege durch den baumbestandenen, mit Aussichtsbänken versehenen *Prinzengarten* an seiner Nordseite herabführen. Hier, unten am Wall, ein Bronzedenkmal "Werftarbeiter", eine kniende Figur von Rössler (1959). Der Seegarten, ein großer freier Platz mit mehreren Anlegebrücken der Fördeschiffahrt und Aussicht auf Hafen und Werften, dient als Stau- und Warteraum für die Autoverladung am nahegelegenen Oslokai. An seiner äußersten Ecke auf hoher Stele das Bronzedenkmal "Segler" (Pl. 7) von Goedtke (1962).

Die Seeseite der Altstadt begrenzt der Wall, ein belebter Straßenzug für den Gewerbe- und Durchgangsverkehr mit Schienenverbindung und Verladekränen. Zwischen Wall und Sartorikai, der *Sartorispeicher,* ein großer Klinkerbau von Stoffers (1925/26). Die in den Jahren 1909/10 von Stadtbaurat Pauly errichtete *Fischhalle* am Wall ist 1972 unter Denkmalschutz gestellt worden. Sie wird seit dem Herbst 1975 restauriert und soll nach Beendigung des ersten Bauabschnitts die schiffahrtsgeschichtliche Abteilung des Kieler Stadtmuseums aufnehmen. Die Eröffnung als **Kieler Schiffahrtsmuseum** ist für 1977 vorgesehen. Die sechs Abteilungen heißen:

1. Kieler Schiffbau und Schiffahrt (insbesondere hier beheimatete technische Entwicklungen wie Bauer-Tauchboot, Echolot, Kreiselkompaß, Geigerzähler, Rotorschiff, Atomfrachter etc., Reederei- und Werftgeschichte); 2. Hafen und Kanal mit Ostsee-Fährverkehr; 3. Geschichte und Technik des Segelsports mit Kieler Wochen und Segelolympiaden; 4. Fördefischerei; 5. Fördelandschaft; 6. Kunst und Seefahrt. Das Museum verfügt über eigene Bestände und beachtliche Privatsammlungen als Dauerleihgaben.

3. Schloßgarten. Düsternbrook. Die Wik

Der Wall setzt sich nach Norden als Düsternbrooker Weg fort. An seinem Beginn liegt Kiels Tor zum Norden, der 1961 großzügig angelegte und erst kürzlich noch weiter ausgebaute **Oslo-Kai** (D 5) mit pavillonartig angelegten Abfertigungsgebäuden, Reedereibüros und überdachten Landgängen. Hier wickelt sich der in den letzten Jahren stark angewachsene Fährverkehr nach Skandinavien und Dänemark ab. Moderne Passagier/Autofähren sorgen ganzjährig für einen schnellen Transit von und nach dort über Oslo, Göteborg, Korsör, Nyborg und Bagenkop auf Langeland. Das Fahrgastaufkommen ist von 55 000 Passagieren im Eröffnungsjahr 1961 auf 1 250 000 im Jahre 1975 angewachsen, eine Steigerung, zu der die Autobahn von Hamburg (1972) und der neue Elbtunnel (1975) beigetragen haben. An der Stadtseite des Düsternbrooker Weges liegt der **Schloßgarten** (D 4) mit gleichfalls freiem Ausblick auf die Förde. In der Anlage ein Bronze-Reiterdenkmal *Kaiser Wilhelms I.* auf hohem Podest, von Brütt (1896), ferner das *Kriegerdenkmal für 1870/71,* eine halbkreisförmige Anlage in Naturstein von Moldenschardt, mit Bronzereliefs ‘Der Aufbruch zum Kriege’ von Siemering, 1879 eingeweiht.

Am Nordende der Parkanlage ein großer freier Platz, auf dem das im Kriege völlig zerstörte Universitätshauptgebäude stand. Der Universitätsbetrieb mußte nach dem Kriege zunächst vorläufig, dann mit weiterem Ausbau endgültig in Teile der Elac-Fabrikgebäude am Westring verlegt werden, einzelne unzerstörte oder wiederaufbaufähige Einrichtungen blieben jedoch an alter Stelle. Am Platz erkennt man erhöht das schöne *Ehrenmal für die 1914/18 Gefallenen* der Universität mit fünf schlanken, in Stahlspitzen endenden Streben, die fünf Kriegsjahre symbolisierend (Munzer, 1931). Gegenüber am Wasser die *Seeburg,* die alte Mensa der Universität, als Studentenheim “gestiftet zur Erinnerung an die Feier 25jähriger friedlicher Regierung Wilhelms II. 1888–1913”, ein gefälliger Backsteinbau, der auch jetzt noch als Mensa dient, zugleich aber auch öffentliche Gaststätte mit Fördeblick ist.

Auf der anderen Straßenseite, Düsternbrooker Weg 1–7 (D4), liegt etwas erhöht die **Kunsthalle.** Sie beherbergt die Gemäldegalerie mit der Graphischen Sammlung in den oberen Stockwerken, die Antikensammlung im Erdgeschoß. Das Gebäude wurde 1908–09 von Lohr für die 1855 begründete Galerie errichtet. Die früher das Portal flankierenden mächtigen *Wisente* (Gaul; 1910/13) fassen jetzt das Gebäude ein. Das "Windobjekt" vor dem Eingang ist ein Werk von Sinken (1973).

Die Gemäldegalerie besitzt Werke der deutschen Malerei des 17.–20. Jahrhunderts, wobei solche schleswig-holsteinischer Meister im Zentrum stehen. Seit 1971 wird vorwiegend moderne Malerei, Graphik, Plastik und Objektkunst gesammelt. Der seit 1843 bestehende Schleswig-Holsteinische Kunstverein veranstaltet hier öfters Ausstellungen vorwiegend moderner Kunst. Aus Raummangel können die vorhandenen Bestände dann garnicht und auch in der übrigen Zeit nur in Teilbereichen gezeigt werden. Direktor Dr. Jens Jensen. Eintr. s.S. 11.

Hauptwerke. – BAROCKZEIT: *Liss,* Morraspieler (ca. 1626); *van Baburen,* König David (um 1630); *van Ceulen,* Weibliches Bildnis (1646); *Heimbach,* Abendliches Mahl (1647); *Ovens,* Simeon im Tempel (1651). – 18. JAHRHUNDERT: *Platzer* (1704–1761), Salomon opfert den Göttern; *Juel,* P. F. Suhm (1772); *Füger,* Selbstbildnis (um 1790); *Strack,* Der Plöner See (1798); *Hackert,* Ruinen bei Rom.

KLASSIZISMUS, BIEDERMEIER: *Eckersberg,* Hof auf Möen (1810); *Gröger,* Der Hamburger Domherr J. L. Meyer (um 1810); *Rehbenitz,* Christus und die Samariterin am Brunnen (um 1815); *Koch,* Wasserfälle von Tivoli (um 1821); *Dahl,* Norweg. Landschaft (1823); *Kersting,* Am Stickrahmen, Vor dem Spiegel (beide 1827); *Nerly,* Zwei Landschaften mit Hirten (1827); *Hintze,* Kiel vom Ostufer (um 1830); *Loos,* Römisches Tor (Septimius-Severus-Bogen und Kapitol, um 1830).

19. JAHRHUNDERT, 2. HÄLFTE: *Ruths,* Holst. Landschaft (1855); *Ross,* Der Tempel von Phigalia (1857); *Schwind,* Kaiser Rudolfs Ritt zum Grabe (1857); *Feuerbach,* Bildnis Frau von Guaita (1865), Im Frühling (1868); *Wrage,* Strand auf Sylt (1873); *Lenbach,* Graf Plessen; *Jessen,* Friesisches Thinggericht (1875); *Schuch,* Haus in Olevano (1875); *Olde,* Unter Blütenbäumen (1884); *Liebermann,* Seilerbahn (1887); *Rohlfs,* Schloßplatz in Weimar (um 1892); *Gurlitt,* Akropolis.

20. JAHRHUNDERT: *Feddersen,* Winter in Nordfriesland (1904); ***Trübner,*** Schloß Hemsbach (1906); *Nolde,* Wild tanzende Kinder (1909), Binnensee (1910), Die Zinsmünze (1915); *Schmidt-Rottluff,* Haus unter Bäumen (1910); *Kirchner,* Fränzi (1910); *Rohlfs,* Der Prophet (1917); *Gotsch,* Selbstbildnis (1923); *Aereboe,* Der Einsiedler (1928); *Heckel,* Reiter am Watt (1931); *Klein,* Abschied von der Erde (1933); *Hoehme,* Jesus meine Zuversicht (1961); *Brüning,* Wesermündung (1966); *Richter,* Abendstimmung (1969); *Mortensen,* Ajaccio Marine (1969); *Petrick,* Touristen (1970); *Grützke,* Der Gedenkstein (1971).

PLASTIKEN: *Thorwaldsen,* Büste des Grafen Gottlob Detlev Moltke; *Lehmbruck,* Liebende Köpfe (1918); *Kolbe,* Genius vom Beethovendenkmal (1927); *Barlach,* Der singende Mann (1928), Das Wiedersehen (1926), Der Zweifler (1931); *Mataré,* Katze (1928); *Scharff,* Bildnis Emil Nolde (1945); *Marcks,* Mädchen mit Apfel (1948); *Mettel,* Mann mit Pferd (1951); *Seitz,* Bildnis Bert Brecht (1959). *Gerresheim* Papst Paul VI. (1971); *Neuenhausen,* Denkmal für Joao Borges (1971); *Luther,* Spiegelobjekt (1974); *Schult,* Biokinetische Hafenzone (1974).

Die GRAPHISCHE SAMMLUNG hat mit ca 20000 Blatt Bestände des 16.–20. Jahrhunderts, darunter besonders Niederländer, Kunst der Goethezeit und des deutschen Expressionismus.

Die Antikensammlung des Archäologischen Instituts der Universität reicht in ihren Anfängen bis 1840 zurück, als Abgüsse der wichtigsten Parthenonfiguren in London gekauft wurden. Ein großer Teil der rund 700 Abgüsse von allen bedeutenden antiken Bildwerken ging im Krieg durch Bomben in Trümmer, doch zeigt die Abgußsammlung jetzt wieder die wesentlichen Werke der Bildhauerei, und zwar nicht mehr in weißem Gips, sondern entsprechend der Materialart und dem Verwitterungsgrad des Originals getönt. Kleinere Objekte wie Vasen, Terracotten, Münzen, Kleinbronzen sind auch in Originalen zu studieren, deren Bestand laufend erweitert wird. Direktor: Prof. Dr. K. Schauenburg.

Am Beginn der Brunswiker und der Hegewischstraße liegt die **Alte Universitätsbibliothek,** 1881–84 von Gropius und Schmieden aus gelbem und rotem Backstein erbaut. Kraftvoll durchgebildeter Baukörper in der Sprache seiner Zeit. In diesem Gebäude, das für 180000 Bände ausgelegt war, ist die gesamte *medizinische Literatur* verblieben. – Die Hegewischstraße aufwärts folgt ein im Baustil ähnliches Gebäude, in dem das Zoologische Museum und das Museum für Völkerkunde untergebracht sind, beides Museen der Universität.

Das **Zoologische Museum** wurde 1881 am heutigen Ort als Schausammlung aufgebaut, aber bereits im 18. Jh. als Naturalienkabinett gegründet. Die Tierwelten der verschiedenen Erdteile werden gezeigt: Arktis, Australische Region, Indien, malaiische Inselwelt, Afrika, Süd- und Mittelamerika. Sonderabteilungen zeigen 'Tiere der Eiszeit in Schleswig-Holstein', 'Neubürger in der Tierwelt Schleswig-Holsteins', 'Tiere an Schleswig-Holsteins Küsten', 'Ausgestorbene Vögel'. Bemerkenswert einige Walskelette. Zur Zeit noch magaziniert ist die Insektensammlung. Leiter: Prof. W. Tischler. Eintr. s. S. 12.

Das **Museum für Völkerkunde,** 1884 gegründet, besitzt vorwiegend Gegenstände aus den einstigen deutschen Kolonien in Afrika und in der Südsee, z.B. Schnitzereien aus dem Bismarckarchipel und Baumrindenstoffe. Ferner Samurairüstungen aus Japan, Batikstoffe aus Java, Keramik aus Peru und Bilder heutiger Bantukünstler. Leiterin: Frau Prof. Dr. K. Schlosser. Eintritt s. S. 12.

Die Brunswiker Straße (C4) ist nach einem früher hier unmittelbar vor den Toren der Stadt gelegenen Dorf benannt, das erst 1869 eingemeindet wurde. Auf der linken Seite nahe dem Eingang der Fachhochschule (s.S. 33) steht der 1961 errichtete *Brunswiker Pavillon* (Eintr. s.S. 11), der dem Landesverband schleswig-holsteinischer Künstler zu eigenen Ausstellungen dient. Jenseits der Hospitalstraße ragt r. das Gebäude des *Sozialministeriums* beherrschend in die Höhe. Die Hospitalstraße aufwärts gelangt man in das **Universitäts-Klinikzentrum** (D4), das an alter Stelle verblieben, teils wiederhergestellt, teils durch den Neubau von Kliniken und Instituten erheblich erweitert worden ist. Gleich zur Rechten, im Vorgarten des neuen Pharmakologischen Institutes, fällt eine Bronzeplastik auf, eine Alraune darstellend, von Drews (1965). Vor dem auf der anderen Straßenseite folgenden Institut für Gerichtliche und Soziale Medizin ein bronzenes Bildwerk, betitelt 'Das Gespräch', von Reuter, Berlin. Im Treppenhaus der gegenüberliegenden Hals-, Nasen-, Ohrenklinik ein farbenprächtiges Glasgemälde von Hansing, das besonders in den Abendstunden nach außen wirkt. Dahinter erhebt sich das neue Hochhaus der Universitätsklinik für Zahn-Mund- und Kieferkrankheiten, vor dessen Haupteingang 1975 die Plastik "Makrokern Kiel", von Schmaltz, aufgestellt wurde. Vor der Universitätshautklinik steht die interessante "Straßenboje Kiel" (Schmaltz; 1975), eine Gruppe von polygonalen Raumkörpern unterschiedlicher Größe; später soll sie an der Fußgängerachse des Klinikums aufgestellt werden. Jenseits der Feldstraße, die das Klinikzentrum westlich begrenzt, die Kieler *Gelehrtenschule,* vor der ein Abguß des bekannten Diskuswerfers von Myron (5. Jh. v. Chr.; Original in Rom) steht. Nahebei an der Feldstraße das neue 13-geschossige Hochhaus der *Oberfinanzdirektion.*

Reizvoll auf und um einen Hügel über dem Fördeufer liegt der **Botanische Garten** (D4; 3,5 ha) am Düsternbrooker Weg. Schon 1669 wurde in Kiel ein hortus medicus beim Kieler Schloß eingerichtet; es folgten zwei weitere botanische Gärten am alten Franziskanerkloster und 1803 in der Prüne. Um 1885 entstand der jetzige Garten, der nach Verwüstungen durch den Krieg wieder neu angelegt worden ist. Berühmt ist die Sammlung der etwa 2000 *Sukkulenten,* fleischiger Pflanzen der trockenen Geröllwüsten Amerikas, Afrikas und der Kanarischen Inseln. Bemerkenswert der 500jährige *Cissus,* ein weinartiges Gewächs aus Südafrika. Acht Gewächshäuser sind vorhanden und auf der Höhe ein Aussichtspavillon. Im tiefer gelegenen Ostteil schöner alter Baumbestand. Ein neuer Botanischer Garten (6,9 ha) nahe dem neuen Universitätsbereich jenseits des Mühlenweges ist im Entstehen. Voraussichtliche Eröffnung 1978.

Nördlich grenzt der Botanische Garten an den Schwanenweg, an dem 1976 die Universitätskinderklinik im Bau war. In der

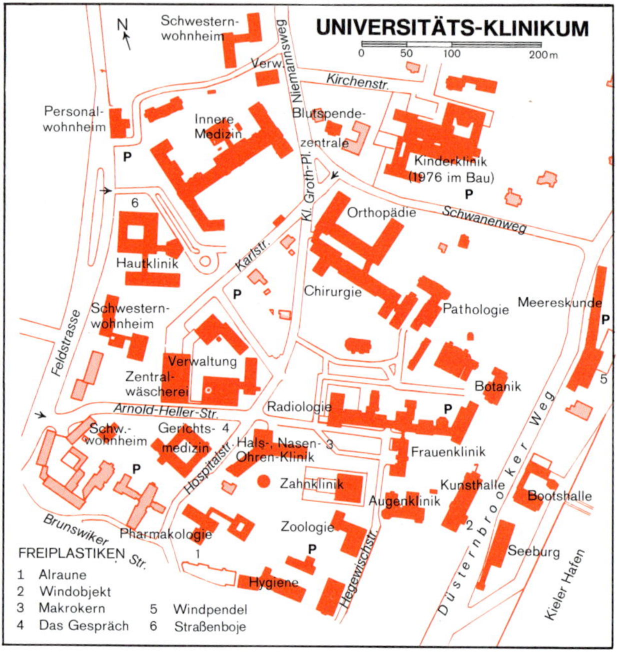

Nähe am Niemannsweg die *Pauluskirche* von 1882, die bis 1925 evangelische Garnisonkirche war. Davor ein Gedenkstein mit großem Anker für Friedrich Wilhelm Herzog zu Mecklenburg, der als Torpedobootkommandant 1897 mit 7 Mann seiner Besatzung in der Elbmündung unterging.

DÜSTERNBROOK, am Fördeufer nördlich der Innenstadt ansteigend, ist der schönste Stadtteil Kiels. Hier haben die Landesregierung und der Landtag ihren Sitz und der Kieler Segelsport seine Basis. Der gepflegte, locker bebaute Villenbezirk wird von zwei Straßen mit viel Grün nach Norden hin durchzogen, vom Düsternbrooker Weg, nahe dem Wasser, und vom Niemannsweg, in Verlängerung der Hospitalstraße. Nach Norden hin fassen sie das schöne, 1 km lange, hügelige **Düsternbrooker Gehölz** (E 1, 2) ein, einen Waldpark mit hübschen Spazierwegen, der nach Süden in die als Festwiese verwendete *Krusekoppel* übergeht. Hier am Hang eine Freilichtbühne.

Hart am Wasser hin führt fast 4 km lang eine der prächtigsten Uferpromenaden Europas mit Weitblick über die ganze Förde. Sie zweigt an der Seeburg als Kiellinie vom Düsternbrooker Weg ab und wird jenseits der Blücherbrücke als Hindenburgufer (von hier ab auch mit Kraftfahrzeugen zu befahren) fortgeführt. Zwischen Kiellinie und Düsternbrooker Weg liegt das imposante moderne Gebäude für das **Institut für Meereskunde,** das sich in den letzten zehn Jahren zur größten und vielseitigsten ozeanographischen Lehr- und Forschungsstätte Mitteleuropas entwickelt hat. Seine zehn Abteilungen betreiben neben reger Lehr- und Ausbildungstätigkeit eine intensive Grundlagenforschung auf nahezu allen ozeanographischen, maritim-meteorologischen und meeresbiologischen Teilbereichen. Das 1972 unmittelbar an der Kiellinie eröffnete **Aquarium** des Instituts zeigt in 34 Becken etwa 150 Bewohner vorwiegend von Nord- und Ostsee, aber auch Tiere des Mittelmeeres und der tropischen Meere. Besonderes Interesse finden beim Besucher die meist ganzjährig vorhandenen Heringsschwärme. Das Seehundsbecken außerhalb des Aquariums wird mit fließendem Ostseewasser gespeist. Die Stahlplastik *Windpendel* davor ist eine Arbeit von Witschi (1973). Am Ufer der Liegeplatz der Forschungsschiffe des Instituts. An der Schiffsanlegestelle *Reventloubrücke,* 500 m weiter, das 'Arkadencafe'. Überfahrtmöglichkeit werktags nach Neumühlen. An der *Blücherbrücke* ist der Liegeplatz der **Gorch Fock,** Segelschulschiff der Marine, bekannt geworden durch ihre erfolgreichen Segelfahrten durch die Weltmeere. Die 1958 gebaute Bark von 1700 t ist 90 m lang und 12 m breit, bei einem Tiefgang von 5 m. An den drei etwa 45 m hohen Masten können bis 23 Segel (2000 qm Fläche) gesetzt und damit bis zu 16 Knoten (30 km/h) erreicht werden. Der Hilfsmotor mit 800 PS verleiht dem Schiff 10 Knoten Fahrt. Zu der Stammbesatzung von 75 Mann kommen 120–200 Lehrgangsteilnehmer. Die "Seetörns" dauern jeweils 8 Wochen, gelegentlich auch länger. Der Dichter Gorch Fock (1880–1916), der "Seefahrt ist not" schrieb, fiel in der Skagerrakschlacht.

Die **Landesregierung** (E 2, 3) hat am Düsternbrooker Weg Nr. 64–108 mit fünf von sieben Ministerien ihren Sitz. Das erste Gebäude ist das *Kultus- und Finanzministerium.* Es folgt das *Landeshaus,* ehemals Marineakademie; in ihm sind die Staatskanzlei, das Innenministerium und auch der Landtag untergebracht. Der Landtagssaal kann besichtigt werden. Etwas zurückgelegen in einem kleineren Haus, ehemals Marinekommando, die *Residenz des Ministerpräsidenten.* Dann folgen das *Ministerium für Wirtschaft und Verkehr* und schließlich das *Ministerium für Ernährung, Landwirtschaft und Forsten.* In der Grünanlage davor die lebensgroße Bronzefigur des Springpferdes "Meteor" (Kock; 1959), erfolgreichstes Turnierpferd des Elmshorner Reiters Fritz Tiedemann. In der Höhe der Ministerien finden wir am Wasser die *Blücherbrücke,* Anlegestelle der Marine, jetzt in Beton neu gebaut.

Vor dem Hindenburgufer liegt der Sporthafen Düsternbrook (E 2) mit den Becken I bis IV. Becken I ist der ehemalige Olympiahafen von 1936; die anderen Becken kamen später hinzu. Hier befindet sich auch das bekannte *Institut für Weltwirtschaft* an der Universität Kiel, das 1913 von Professor Bernhard Harms gegründet worden ist und der Erforschung weltwirtschaftlicher Probleme dient. Das um 1900 prächtig und aufwendig als Kruppsches Logierhaus errichtete Gebäude wurde im Kriege teilzerstört, dann wiederhergestellt. Neuerdings hat auch die Fachbibliothek von über 1 600 000 Bänden durch einen Neubau daneben hier ihre endgültige Bleibe gefunden. Die Plastik "Raumzeichen alpha" vor dem Gebäude ist eine Arbeit von Schmaltz (1972). Etwas weiter, gegenüber dem Carl-Loewe-Weg, als Graf-Luckner-Erinnerungszeichen ein 'Windspiel' aus Leichtmetall (Beier; 1972).

Hinter dem *Kieler Yacht-Club* (gleichzeitig Hotel) folgt bald das *Haus Weltclub,* das 1952 aus dem teilzerstörten Olympiaheim entstanden ist und guten Zuspruch seitens ausländischer Studenten hat. Die "Venus" aus Kunststein neben dem Gebäude ist ein Werk von U. Hensel-Krüger (1957). Als Pendant dazu schließt sich räumlich die *Deutsch-Nordische Burse* (1968) an, ein Studentenwohnheim mit 80 Plätzen, das hauptsächlich für Studenten aus dem nordischen Raum bestimmt ist. Zwischen beiden Gebäuden, etwas zurückgelegen, das *Gästehaus der Universität* (1973).

Weiterhin die *Bellevue-Brücke* (E 1), Anlegestelle der Fördeschiffe, in deren Nähe das *Seesoldaten-Ehrenmal* errichtet ist, eine hohe, aus Granitquadern aufgebaute Stele mit Reliefs stürmender Krieger, 1927–31 von Suhr und Blaue geschaffen für 6 000 Gefallene von 1914/18. Es folgt die *Seebadeanstalt Düsternbrook.* Oberhalb steht anstelle der ehemaligen Fördegaststätte Bellevue das große *Hotel Maritim,* von dessen Caféterrasse man eine weite Aussicht über die Förde hat. Bald hinter Bellevue stößt der **Diederichsen-Park** an das Hindenburgufer als Teil einer Folge neuentstandener Grünanlagen. Dieser Park (4,5 ha) ist eine Stiftung der Howaldtswerke. Heinrich

Diederichsen (†1942) war 1926–37 einer der Hauptaktionäre und Wirtschaftsführer, ein Förderer der Stadt Kiel und der Universität. Er hatte im Park seinen im Kriege zerstörten Wohnsitz. Landeinwärts schließt sich das gepflegte Parkgelände der *Forstbaumschule* mit alten, seltenen Bäumen und weiten Grünflächen an (Gartencafé). Beherrschend in einer Parkanlage liegt das *Territorialkommando Schleswig-Holstein.* Nahebei die *Wasser- und Schiffahrtsdirektion Nord,* die mit 4600 Bediensteten jetzt die größte der Bundesrepublik ist; 1976 wurden die Direktionen in Hamburg und Kiel zusammengelegt. Das Hindenburgufer führt, die Wiker Bucht säumend, in den am Nord-Ostsee-Kanal gelegenen Stadtteil Wik.

Die Verbindung von der Innenstadt zur Wik stellen, parallel verlaufend, die Feldstraße und Holtenauer Straße her. Diese, 3,5 km lang, beginnt am Dreiecksplatz (C 4), dem Treffpunkt der vom Stadtzentrum her aufsteigenden Berg- und Brunswiker Straße. An ihr liegt das *Schauspielhaus* (C 2) mit gut 600 Sitzplätzen und einer Studiobühne für 100 Personen. An ihrem höchsten Punkt, dem Schnittpunkt mit der Esmarchstraße, erblickt man 200 m westlich den stämmigen Rundbau des *Wasserturms (1886–98).* Weiter nördlich, Ecke Mercatorstraße, ein 15stöckiges *Behördenhochhaus* der Landesregierung (1968) mit weithin sichtbaren Olympiaringen an der Fassade. Davor eine als "Dreiteilig" bezeichnete mehrfarbige Figurengruppe von Lethgau (1971). Die Holtenauer Straße endet mit ihrer Fortsetzung, der Schleusenstraße, an der Anlegestelle der Fähre nach Holtenau; hier auch das Ende der einzigen, die Holtenauer Straße ganz durchfahrenden Straßenbahnlinie (Nr. 4).

DIE WIK ist traditioneller Standort der Marinegarnison. Hier befinden sich die *Marinedivision Ostsee,* die *Technische Marineschule* und weitere technische Kommandostellen. An der Wiker Bucht liegt der große **Tirpitzhafen** mit weit herausgebauten Molen, an denen oft Kriegsschiffe vom Schnellboot bis zum Zerstörer liegen. Aus besonderen Anlässen, z.B. beim Besuch ausländischer Schiffe, ist Gelegenheit zu Besichtigungen. Der nördlich anschließende kleinere *Scheerhafen* dient an der dem Kanal zugewandten Nordmole mit einer Tanklöschbrücke und Umschlagseinrichtungen für Massengut dem öffentlichen Verkehr, während die Südmole der Marine vorbehalten ist.

Im Ortsteil Wik selbst ist die 1905–09 von Curjel und Moser für die Garnison gebaute *Petruskirche* beachtenswert, ein recht origineller Backsteinbau mit mächtigem Turm. Die Wik ist auch Standort der *Wirtschaftsakademie Kiel.* Die *Stadtwerke* an der Uferstraße haben zwei 100 m hohe Schornsteine. Kanalschleusen s. Holtenau S. 70. Am südlichen Kanalufer breiten sich die Anlagen des

aufstrebenden **Nordhafens** aus mit Gebäuden für Schiffsmaklerei, Schiffsausrüstung, Bunkerstationen, Löschanlagen, einer Containerumschlaganlage und einem über 50 m hohen Getreidesilo. – Von der Wik führt die Prinz-Heinrich-Straße auf steiler Rampe zur **Prinz-Heinrich-Brücke,** einer Eisenfachwerkkonstruktion, 1909–12 von Voß gebaut, die bei einer lichten Höhe von 42 m den Kanal in einem 164 m weiten Bogen überspannt, und zu der 1972 vollendeten zweiten *Brücke* aus Stahlträgern unmittelbar neben ihr. Der Verkehr über die Brücken erfolgt im Richtungsverkehr; d.h. der Verkehr nach Norden wird über die östliche neuere, der nach Süden über die westliche ältere geleitet. Von oben gewähren die Brücken einen weiten Blick über das Land hinaus und auf den Kanal- und Schleusenverkehr. Auf beiden Seiten des Kanals sind verzweigte Brücken- und Straßenbauwerke zur Entflechtung des Verkehrs entstanden.

4. Universität und südwestliches Stadtgebiet.

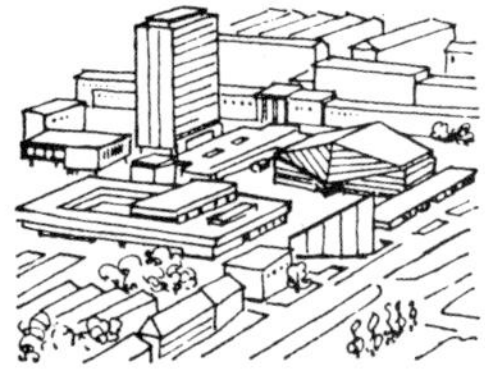

Von der Innenstadt führt die Olshausenstraße (B 2) zum Westring, jenseits dessen sich die Bauten der **Universität** (A 2) befinden. Das gesamte Klinikum mit der medizinischen Abteilung der Universitätsbibliothek, das Institut für Weltwirtschaft und einige andere, wie das Botanische und das Institut für Meereskunde konnten vorerst an der Stelle der einstigen Universität verbleiben bzw. dort Neubauten erhalten. Die Universität zählt ca. 12.000 Studierende (SS 1976).

Die Universität wurde 1665 von Herzog Christian Albrecht von Holstein-Gottorf, dessen Namen sie noch trägt, gegründet. Im ersten Jahrhundert ihres Bestehens diente der Universität das ehemalige Franziskanerkloster in der Nähe des Marktes als Heimstätte; seine Reste sind jetzt als Theologisches Studienhaus “Kieler Kloster” wieder aufgebaut. Erst in den 60er Jahren des 18. Jahrhunderts wurde beim Schloß ein neues Universitätsgebäude errichtet, das spätere, im Zweiten Weltkrieg zerstörte Museum vorgeschichtlicher Altertümer. Nach der Auflösung des Gottorfer Kleinstaates im Jahre 1773 wurde die Christiana Albertina die Universität für das ganze Land, das bis 1864 ein Teil der dänischen Gesamtmonarchie war. Bis zu diesem Zeitpunkt war sie geistiger und politischer Mittelpunkt der Unabhängigkeitsbestrebungen gegenüber Dänemark (Falck, Dahlmann, Droysen).

Als die Herzogtümer Schleswig und Holstein 1867 preußisch wurden, begann für die Universität eine Zeit äußeren und inneren Wachstums. Von 1871 an wurde das große Universitätsviertel nördlich des Schloßgartens geschaffen; 1876 wurde dort das beherrschende Kollegiengebäude gebaut, das 1902 wesentlich erweitert wurde.

Trotz der großen Schäden und Verluste im Zweiten Weltkrieg konnte die Universität, die jetzt wieder Landesuniversität ist, bereits im November 1945 ihren Lehrbetrieb in zunächst vier Fakultäten wieder aufnehmen. Nach Provisorien auf Schiffen und zeitweiligen Überlegungen, die Universität nach Schleswig zu verlegen, wurde sie zunächst vorläufig, dann endgültig in Gebäudeteilen eines früheren Rüstungsbetriebes (Elac) am Nordwestrand der Stadt untergebracht. Danach begann man planvoll in diesem Bereich mit dem Ausbau der Universität und ihrer zahlreichen Institute. Die ursprüngliche Begrenzung des Ausbaugebietes durch die Gleise der Industriebahn ist seit Mitte der 60er Jahre überschritten. Die das Universitätsgelände durchschneidende Olshausenstraße ist in großzügigem Ausbau weit nach Nordwesten verlängert worden und hat ein bis dahin unbebautes Grüngelände für den weiteren Ausbau der Universität erschlossen.

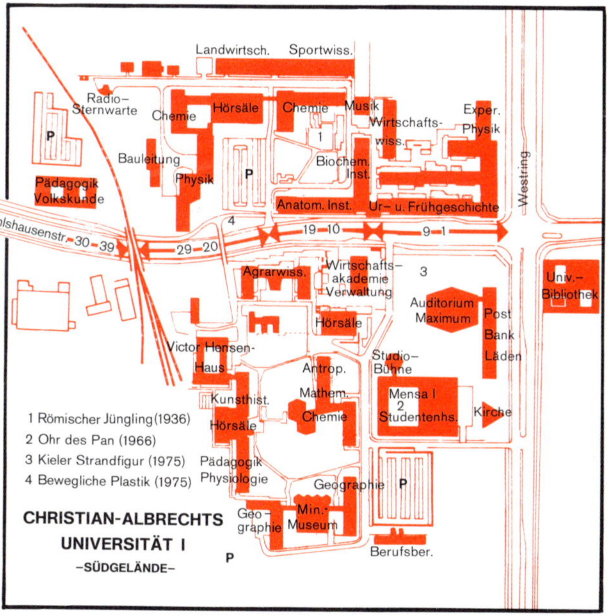

Die Universität besteht im Kern aus den von der Elac übernommenen und durch Neubauten erweiterten Gebäudeteilen nördlich der Olshausenstraße und dem Neubaugebiet südlich der Straße. Die *Elacbauten,* als große einheitliche Anlage in ruhigen Formen von Guido Widmann, Kiel, vor dem Kriege errichtet, haben sich für den Umbau und die Einrichtung zu Institutszwecken wegen ihrer Belastbarkeit als besonders geeignet erwiesen. Der Eingang ist jetzt durch einen hohen, dreiteiligen Portikus betont. An der hinteren Grenze im Westen die auffallende Radiosternwarte mit Radarspiegel von 7 m Durchmesser.

Südlich der Olshausenstraße ist das *Verwaltungshochhaus* der beherrschende Bau, auf einer Grundfläche von 40 x 20 m mit 16 Geschossen 55 m hoch (im Volksmund: Langer Christian), mit dem Präsidialamt und der Zentralen Universitätsverwaltung sowie einigen Instituten. Am Westring wurde eine *Ladenzeile* errichtet mit Post, Geldinstitut und für sonstigen Studentenbedarf. Dahinter das *Große Hörsaalgebäude* (Auditorium Maximum) mit 7 Hörsälen für insgesamt 2000 Hörer, darunter zwei Säle für 800 und 400 Hörer, die zu einem Raum vereinigt werden können. Nach Süden, den Bereich abschließend, folgt die originelle *Universitätskirche* für 300 Personen. Sie wurde 1965 als abgeschrägtes Prisma auf dem Grundriß eines gleichseitigen Dreiecks errichtet, mit schräg aufsteigendem Dach und Betonglaswänden. Dahinter das *Studentenhaus* mit der *Mensa I,* als Atriumbau 1962/65 geschaffen von Prof. Kraemer, Braunschweig, und Dr.-Ing. Sieverts, erstmalige und interessante Lösung einer solchen Bauaufgabe. Um den Innenhof sind zweigeschossige Bauten herumgeführt für Studentenwerk, AStA, Studentenseelsorge u. a., am Hauptbau hier eine Cafeteria. An einer Seite fällt ein vorgezogener sechseckiger Baukörper auf, der eine *Studiobühne* enthält. Dahinter, in zwei Reihen gestaffelt, 6 gleichartige sechsgeschossige Institutsbauten, die sog. *Angerbauten* (wegen der grünflächigen Auflockerung so genannt), 1963 ff. errichtet von Stoffers und Schnittger.

Im südlichsten dieser Angerbauten sind seit 1969 das **Mineralogisch-Petrographische** und das **Geologisch-Paläontologische Museum** der Universität untergebracht. Im mineralogischen Bereich wird ausgehend vom Atom und Molekül als Grundbausteinen der Materie der systematische Aufbau des Mineralreiches erläutert und ein Einblick in die Vielfalt der Gesteinswelt vermittelt. Der geologisch-paläontologische Teil des Museums behandelt Themen, die, besonders von Gesteinen und Fossilien Schleswig-Holsteins ausgehend, Zusammenhänge über die Erd- und Lebensgeschichte, die Arbeitsmethoden und die Anwendung der Forschung in der praktischen Geologie aufzeigen. Eintr. s. S. 12.

Im Bereich der Universität sind mehrere Plastiken aufgestellt: deren Standorte in den Grundrissen verzeichnet sind: 1. *Römischer*

Jüngling von Blumenthal (Bronze/1936) als Ehrenmal für die Toten der Universität im 2. Weltkrieg; 2. *Ohr des Pan* von Cimiotto (Bronze/1966); 3. *Bewegliche Plastik* aus Edelmetall von Tollmann (1973); 4. *Windobjekt* aus Edelstahl von H. Sinken (1973); 5. *Kieler Strandfigur* von Kock (Keramik/1974); 6. *Ein Spiel mit Raum und Linie* von Kürten (Edelstahl, 1974); 7. *Geometrische Form* von Engst (Corten-Stahlblech, 1975); 8. *Granitskulptur* von Goerler (1974).

Die **Theatergeschichtliche Sammlung und Hebbel-Sammlung,** jetzt untergebracht im Fakultätenblock/Gebäude N 50c, sind in ihren Anfängen auf 1911 zu datieren (Initiator: Prof. Dr. Eugen Wolff). Die Sammlung ist eine Einrichtung der Universität und gehört zum Institut für Literaturwissenschaft. Im letzten Kriege erlitt sie schwere Einbußen durch den Verlust der Bühnenmodelle; gleichwohl hat sie als eine der wenigen derartigen Sammlungen Deutschlands ihren Rang bewahren können.

Geschichte, Technik und Aesthetik des Theaters vom 16. Jahrhundert bis zur Gegenwart werden vor allem durch Dekorationsentwürfe und Schauspielerbilder veranschaulicht. Hinzu kommen über 35 000 Theaterzettel und Programmhefte, aber auch Handschriften, Briefe, Aufzeichnungen berühmter Schriftsteller und Schauspieler vom 18. bis 20. Jahrhundert. Ein Lautarchiv mit ca. 500 Schallplatten bewahrt in Mono- und Dialogen Schauspielerstimmen von der Zeit der Meininger bis zu den Berliner Reinhardt-Bühnen. Die Bibliothek enthält über 1 000 Bände Fachliteratur. Die angegliederte Hebbel-Sammlung der Stadt Kiel bewahrt in Handschriften, Urkunden, Briefen und Bildern Erinnerungen an Leben und Werk dieses berühmtesten Dramatikers des Landes. Die Sammlungen sind z. Zt. noch archiviert und nur auf besondere Anfrage zugänglich. Tel. 8 80 34 09.

Die **Universitätsbibliothek** (B 2) hat 1963–65 einen Neubau erhalten (G. Schween), der eine städtebaulich glückliche Lösung darstellt und für die Organisation ausgezeichnet angelegt ist, mit Tiefkeller für 670 000 Bände und zwei weiteren oberen Magazinräumen für 270 000 Bände. Im Erdgeschoß Ausstellungshalle für Wechselausstellungen (meist Buchkunst und bildende Kunst). Die Universitätsbibliothek ist zugleich die wissenschaftliche Zentralbibliothek des Landes. Zusammen mit der Universität im Jahre 1665 gegründet, bildeten ihren Grundstock die Reste der Bibliothek des Augustiner-Chorherrn-Klosters Bordesholm. Im Laufe der Jahrhunderte wuchs sie zu einer bedeutenden Sammlung heran. 1939 zählte sie 525 000 Bände. Im Kriege wurde etwa die Hälfte davon vernichtet, doch ist der Buchbestand inzwischen wieder auf ca. 1,2 Mio Bücher, Zeitschriften und Dissertationen angewachsen. Vorhanden sind auch 3 000 Handschriften, 300 Wiegendrucke, 2 000 Karten usw. Direktor: Dr. G. Wiegand.

Jenseits der Bahnlinie führt die Olshausenstraße zunächst am **Sportforum** der Universität vorbei, einer großdimensionierten Hallenanlage u. a. mit 50 m-Schwimmbahn und zahlreichen Sport- und Übungsplätzen. Nordwestlich davon, seitlich einiger Teiche, der vier-

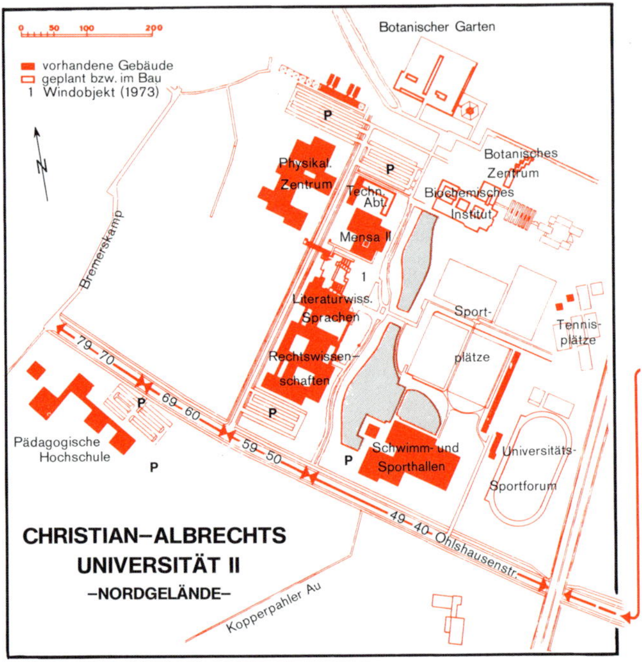

gliederige *Fakultätenblock.* Dahinter, 1976 noch im Aufbau befindlich, die *Mensa II* und die *Zentren für Physik und Biologie,* dieses mit dem neuen *Botanischen Garten.* – Südlich der Olshausenstraße sind in einem mehrgliedrigen Gebäude noch jenseits des Fakultätenblocks die **Pädagogische Hochschule** und im Verwaltungshochhaus die Abteilung Betriebswirtschaft der Fachhochschule Kiel untergebracht, beide jedoch nicht zur Universität gehörend.

Von der Universität dem Westring nordwärts folgend gelangt man an den Werkgebäuden von Elac und Hagenuk (s. S. 51) vorbei zum **Nordfriedhof** (B 1), dem traditionellen Garnisonfriedhof der Marine. In einer großen gärtnerischen Anlage wird der gefallenen Marineangehörigen beider Weltkriege gedacht, die Rasenfläche mit Kissensteinen, die Stirnfront im Osten mit einem großen Block, auf dem ein mächtiger Anker mit Kette liegt, im Westen ein monumentales Kreuz. Vielfach sind Stelen für die Besatzungen untergegangener

Kriegsschiffe aufgestellt. Das monumentalste Denkmal ist eine über 3 m hohe Reliefstele für die Besatzung von 'SMS Blücher', gesunken 24. 1. 1915 auf der Doggerbank. Man stößt auf die Namen von U-Booten und bekannten Kriegsschiffen wie "Schleswig-Holstein", "Scharnhorst", "Gneisenau", "Lützow" u. a. Auch für die Toten des Segelschulschiffs 'Niobe' (26. 7. 32) ist eine Erinnerungsstätte vorhanden.

Eine besonders eindrucksvolle Gestaltung hat der *Britische Militärfriedhof* erfahren für 993 Gefallene, meist über Schleswig-Holstein abgeschossene Flieger oder ertrunkene Marinesoldaten, für die je eine Stele aufgestellt ist, ein großes Kreuz im Westen, ein altarartiger Aufbau mit Halle im Osten. Gegenüber dem Friedhof die neue evangelische *Osterkirche* (1967; Mertens); über dem Eingang die Bronzefigur des Auferstehenden, von Goedtke.

Wendet man sich von der Universität auf dem Westring südwärts, so gelangt man zum **Schrevenpark** (B 4), einer 600 m langen Anlage mit hohem, altem Baumbestand, weiten Rasenflächen und einem Teich, der eine Menge Wasservögel beherbergt. Der Park gilt als das größte Freigehege für Wasservögel in der Bundesrepublik. Die Muschelkalkplastik "Eule" in seinem Ostteil ist ein Werk von Schwerdtfeger (1971). Am Nordrande des Parks die 1958 von Neve wiederaufgebaute *Lutherkirche,* deren verschont gebliebener Turm mit der lebhaft geschwungenen neobarocken Spitze in der Stadtsilhouette stark auffällt.

An der Ostseite des Parkes ein *Kraft- und Fernheizwerk* der Stadtwerke mit 85 m hohem Schornstein. Dahinter im Gebäude der Fachhochschule, Fachbereich Technik (s. S. 55) das *Planetarium* (Eingang Knooper Weg 54). Südlich gelangt man über die Grünanlage des Arndtplatzes zum Wilhelmplatz (A 5), dem größten Platz im Stadtraum, auf dem mehrmals im Jahr je eine Woche lang der vielbesuchte Jahrmarkt stattfindet. An seiner Südostseite das als funktionales Bauwerk viel beachtete, 1928/29 von Hahn und Schröder, Kiel, erbaute *Arbeitsamt,* ein 112 m langer, dreigeschossiger Backsteinbau mit seitlicher Turmbetonung und durchlaufenden Außenfluren. Vom Wilhelmplatz führen drei Verbindungsstraßen nach Vororten und weiter: die Eckernförder Allee nach Suchsdorf, der Kronshagener Weg nach Kronshagen und der Hasseldieksdammer Weg nach Hasseldieksdamm und Mettenhof; zwischen diesen beiden der umfangreiche Komplex des *Städt. Krankenhauses* (A 5), gleichzeitig zweite Medizinische Universitätsklinik.

Etwas weiter stadteinwärts der Exerzierplatz (B 5), hinter dem sich die Ostseehalle (S. 28) erhebt. Der Platz ist zweimal wöchentlich durch den Wochenmarkt belebt. Zwischen beiden Plätzen südlich des Kronshagener Weges die *Bundesanstalt für Milchforschung* mit einer Anzahl Institutsbauten. In nächster Nähe erstreckt sich in südwestlicher Richtung bis an den Westring heran der *Schützenpark*

(A 6) entlang dem Schützenwall. An diesem liegt das *Justizgebäude* mit Amtsgericht, Landgericht und Amtsgefängnis. 1922–24 von Hassenstein gebaut, wirkt das monumentale Gebäude besonders durch die von dorischen Kolossalsäulen gegliederte Eingangsfront.

An der Harmsstraße mit der Rückfront zum Park das langgestreckte *Kieler Stadtkloster,* ein privates Altersheim, das auf eine Stiftung aus dem Jahre 1257 zurückgeht. Es befand sich seit 1822 in der Hauptbahnhofsgegend und wurde 1909 von dort hierher verlegt. Zu der Stiftung gehört noch eine Anzahl weiterer Heime im Stadtbereich. Im Hof der nahen *Käthe-Kollwitz-Schule* eine reizende Brunnenplastik aus Bronze ·Mädchenreigen" von Hensel-Krüger (1958). Zum Westring hin bilden ein neues *Berufsschulzentrum* und innerhalb dessen ein 15 geschossiges Hochhaus eindrucksvolle städtebauliche Dominanten. Gegenüber dem Schützenwall endet am Westring die von Hamburg kommende Autobahn.

Weiter südlich liegen der 1869 angelegte *Südfriedhof* und dahinter, jenseits eines Steilabhangs tiefgelegen, die **Moorteichwiese** (A 7), ein großes, parkartig gestaltetes Gelände mit altem Baumbestand, einem Teich und Sportplätzen. Seine Ränder werden von der *St. Jürgenskirche,* die seit 1954 die im Bahnhofsgebiet zerstörte Vorgängerin ersetzt, und von neuen Schulbauten eingenommen, u.a. von denen der Beruflichen Schule am Königsweg, vor der eine weibliche Gestalt aus Bronze "Der Morgen", von Hedblom (1941) steht. Der Königsweg endet am Rondeel, einem Verkehrsknotenpunkt am Ende des Sophienblattes, wo die Hamburger und die Alte Lübecker Chaussee zusammenkommen. Ein *Obelisk* von 1830 mit dem Monogramm König Friedrichs VI. erinnert an die Erbauung der Straße.

V. DIE AUSSENVIERTEL

5. Die Randstadtteile im Westen und Süden

Westlich von der Wik (S. 49) zum Nordostseekanal hin liegt STEENBEK-PROJENSDORF, das zur Wik gehört. Es ist erreichbar über die Projensdorfer Straße. Letztere stellte früher die Verbindung zum Gute Projensdorf her, das aber jetzt jenseits des Nord-Ostsee-Kanals liegt. Sie führt in ein größeres Waldgebiet **Tannenberg** oder Projensdorfer Gehölz, das sich nördlich bis fast zum Kanalufer hinzieht. Es ist hügelig, hat einen abwechslungsreichen Baumbestand und einen langen, verlandenden See (Naturschutzgebiet). In einem Wildgehege kann man Ponies, Yaks, Mufflons, Wildschweinen, Rehen und Damhirschen begegnen. Nahebei östlich ein neues Kieler *Industriegebiet* auf dem Gelände der ehem. *Walther-Werke.* Westlich anschließend am Kanal eine ausgedehnte *Ölbunkerstation.*

Der Stadtteil selbst, einheitlich geplant, weist in lockerer Bebauung eine lebendige Mischung von Bautypen auf, größeren und kleineren Mietwohnbauten bis zum persönlich gestalteten Bungalow. Am Beginn der Siedlung in erhöhter Lage hochgebaute *Studentenwohnheime* (Dr. August Oetker-Stiftung und Edo-Osterloh-Haus).

Der Steenbeker Weg führt, den Bahndamm zur Levensauer Hochbrücke unterquerend, nach SUCHSDORF, an dessen alten Dorfkern sich unterhalb der Hochbrücke ein modernes Siedlungszentrum angegliedert hat. Schön gelegen, direkt am Hochufer des Kanals, das *Ausflugslokal Margaretental* mit Blick auf den Schiffsverkehr. Im Ortszentrum, am Rungholtplatz, eine Plastik "Unicef (Neunlinge)" von Hensel-Krüger (Muschelkalkguß, 1967). Die *Hochbrücke Levensau* mit einer Spannweite von 163 m und einer lichten Höhe von 42 m ist 1893/94 für Bahn-Fahr- und Fußgängerverkehr gebaut worden und war ursprünglich noch mit Doppeltürmen bewehrt. Nicht zum Stadtgebiet gehörig, aber tief in dieses einschneidend, liegt stadteinwärts, westlich der Eckernförder Chaussee KRONSHAGEN (12 800 Einw.), eine Wohnsiedlung mit vielen Einfamilienhäusern, einigen markanten Hochhäusern, der Christuskirche (1960) und dem seit 1955 auf dem Heischberg stehenden *NDR-Sender* (192 m), der das 1. Fernsehprogramm und die 3 Rundfunkprogramme ausstrahlt.

Im Ostteil des Ortes liegt auch der Hauptfriedhof Kiels, der **Friedhof Eichhof** mit großer Kapelle, durch seine Anlage sehenswert. Hier befindet sich ein Denkmal für die 2 838 Kieler Opfer des Bombenkrieges, darunter 500 Ausländer. Beachtlich das Mausoleum Martius, 1917 von A. v. Hildebrand, mit Reliefs der Parzen und des Charon. 1953 wurden alle wichtigen Grabdenkmäler des aufgehobenen St. Jürgen-Friedhofes am Hauptbahnhof zum Eichhof gebracht und nördlich der Kapelle wieder aufgestellt bzw. gebettet, meist Biedermeierstelen. Das dem Haupteingang gegenüberliegende *Krematorium* mit zwei Urnenfriedhöfen befindet sich noch auf Kieler Stadtgebiet.

Südlich von Kronshagen liegen die Vororte Hasseldieksdamm und Mettenhof.

HASSELDIEKSDAMM ist ein älterer Wohnvorort zwischen zwei Gehölzen, dem Hofholz und dem Hasseldieksdammer Gehölz, gelegen. Am Hofholz wurde ein *Wildgehege* angelegt, in dem Wisente, Bisons, Auerochsen, ungarische Steppenrinder, Sikahirsche und schwarzes Damwild vertreten sind. Am Wittland ein kleineres Industriegebiet.

METTENHOF, das sich an Hasseldieksdamm westlich anschließt, ist ein von 1965 an geschaffener Stadtteil für 25 000 Menschen, hart an der Stadtgrenze errichtet. Die mit ihren zahlreichen, mehrgeschossigen Wohnhäusern, darunter Hochhäusern, etwas nüchtern wirkende Satellitenstadt Kiels tritt in der näheren und weiteren Umgebung nichtsdestoweniger beherrschend in Erscheinung. Im Zentrum wurde um den *Heidenberger Teich* das Bildungszentrum des Stadtteils ins Grüne gebettet. Hier auch ein 23-stöckiges Hochhaus mit 213 Wohnungen.

HASSEE beginnt jenseits des neuen Theodor-Heuss-Ringes und ist ein von der Bahnlinie nach Eckernförde durchzogener und von Industriegebieten durchsetzter Stadtteil. In ihm wurde am Th.-Heuss-Ring 1975 das **Kieler Müllheizwerk** in Betrieb genommen, das den Müll mit 1000° Hitze verbrennt und in Wärme umwandelt. Jenseits des Uhlenweges ein kleines *Wildgehege,* südlich an der Diesterwegstraße die *Fachhochschule Kiel, Fachbereich Sozialwesen.* Westlich der Neuen Hamburger Straße schließt sich an den Waldwiesenpark das **Vieburger Gehölz** an, ein großes, wegen seiner Stadtnähe vielbesuchtes Waldgebiet, das sich bogenförmig bis fast an den Schulensee erstreckt. In seinem Nordteil steht, als neues Wahrzeichen der Stadt weithin sichtbar, der neue **Fernmeldeturm** (227 m mit Antenne) für Richtfunk und das 2. und 3. Fernsehprogramm, dessen Innenausrüstung 1976 noch im Ausbau begriffen war. Er ist nicht als Aussichtsturm zugänglich. In der Nähe noch der ältere Turm (98 m mit Antenne).

Der kleine Ortsteil RUSSEE zieht sich längs der Rendsburger Landstraße bis zur Stadtgrenze hin, wo ein großes Autobahnkreuz fast vollendet ist. Der *Vordere Russee* ist einer der großen unter Kiels zahlreichen Seen. Zwischen ihm und der weiter südlich fließenden Eider die hübsch von Grün umgebene *Siedlung Hammer* mit dem Jugendhof der Kieler Jugendfürsorge in den Gebäuden eines ehemaligen Gutshofes. Westlich der Siedlung und jenseits der Stadtgrenze ein *Wildgehege* mit Rotwild, Mufflons und Wildpferden und nahebei der *Ihlsee* mit der Waldgaststätte Ihlkate. Der alte Gasthof 'Eiderkrug' ist eine Station des Eiderwanderweges, der vom Freilichtmuseum, meist längs der Eider, zum Ihlsee führt.

Jenseits der Eider, die hier die Stadtgrenze bildet, liegt beiderseits der Hamburger Chaussee der Ortsteil SCHULENSEE der Gemeinde Molfsee, eine gepflegte Eigenheimsiedlung. Wirkungsvoll auf einem Hügel steht die *Thomaskirche* von Andersen (1959) mit sehr hohem, spitzem Turmhelm (36 m), Glasgemälden 'Die sieben Schöpfungstage' und großem Kruzifix, beides von Aßmann. Der *Schulensee,* auf den sich vom Garten des beliebten Eiderkrugs ein Blick bietet, wird von der Eider durchflossen.

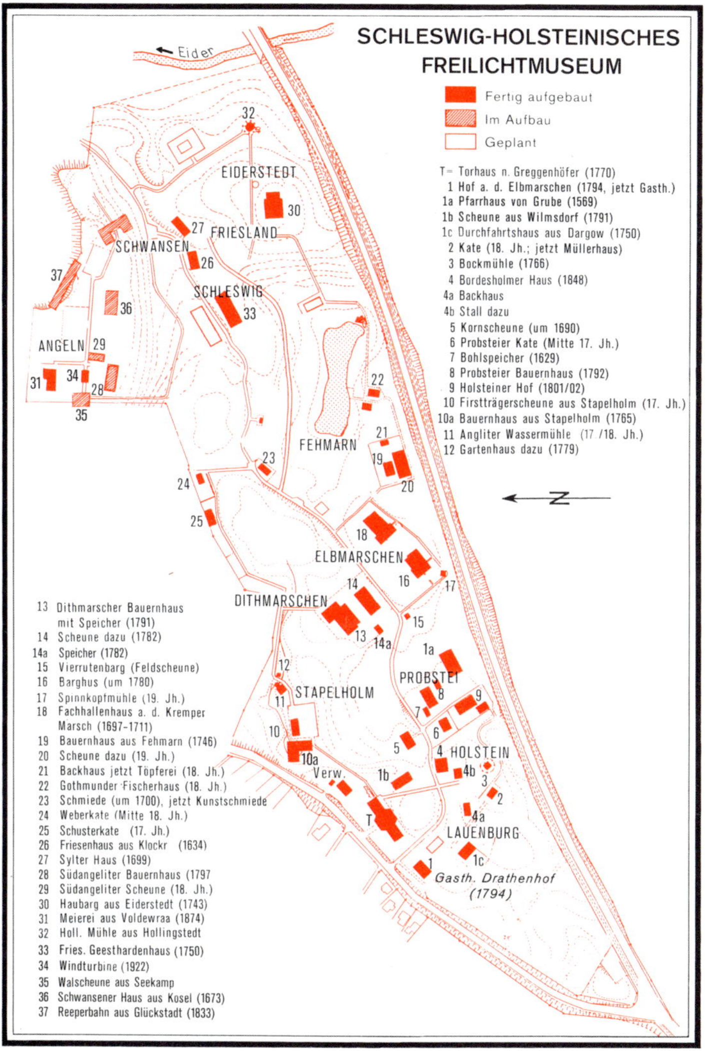
SCHLESWIG-HOLSTEINISCHES
FREILICHTMUSEUM
Fertig aufgebaut
Im Aufbau
Geplant
T= Torhaus n. Greggenhöfer (1770)
1 Hof a. d. Elbmarschen (1794, jetzt Gasth.)
1a Pfarrhaus von Grube (1569)
1b Scheune aus Wilmsdorf (1791)
1c Durchfahrtshaus aus Dargow (1750)
2 Kate (18. Jh.; jetzt Müllerhaus)
3 Bockmühle (1766)
4 Bordesholmer Haus (1848)
4a Backhaus
4b Stall dazu
5 Kornscheune (um 1690)
6 Probsteier Kate (Mitte 17. Jh.)
7 Bohlspeicher (1629)
8 Probsteier Bauernhaus (1792)
9 Holsteiner Hof (1801/02)
10 Firstträgerscheune aus Stapelholm (17. Jh.)
10a Bauernhaus aus Stapelholm (1765)
11 Angliter Wassermühle (17./18. Jh.)
12 Gartenhaus dazu (1779)
13 Dithmarscher Bauernhaus mit Speicher (1791)
14 Scheune dazu (1782)
14a Speicher (1782)
15 Vierrutenbarg (Feldscheune)
16 Barghus (um 1780)
17 Spinnkopfmühle (19. Jh.)
18 Fachhallenhaus a. d. Kremper Marsch (1697–1711)
19 Bauernhaus aus Fehmarn (1746)
20 Scheune dazu (19. Jh.)
21 Backhaus jetzt Töpferei (18. Jh.)
22 Gothmunder Fischerhaus (18. Jh.)
23 Schmiede (um 1700), jetzt Kunstschmiede
24 Weberkate (Mitte 18. Jh.)
25 Schusterkate (17. Jh.)
26 Friesenhaus aus Klockr (1634)
27 Sylter Haus (1699)
28 Südangeliter Bauernhaus (1797
29 Südangeliter Scheune (18. Jh.)
30 Haubarg aus Eiderstedt (1743)
31 Meierei aus Voldewraa (1874)
32 Holl. Mühle aus Hollingstedt
33 Fries. Geesthardenhaus (1750)
34 Windturbine (1922)
35 Walscheune aus Seekamp
36 Schwansener Haus aus Kosel (1673)
37 Reeperbahn aus Glückstadt (1833)
Eider
EIDERSTEDT
FRIESLAND
SCHWANSEN
SCHLESWIG
ANGELN
FEHMARN
ELBMARSCHEN
DITHMARSCHEN
STAPELHOLM
PROBSTEI
HOLSTEIN
LAUENBURG
Verw.
Gasth. Drathenhof
(1794)
N

Im Ortsteil RAMMSEE, südlich von Schulensee, liegt zwischen der Hamburger Landstraße und der B 4 das Freilichtmuseum.

Das ***Schleswig-Holsteinische Freilichtmuseum** (50 ha), das von 1961 an aufgebaut und 1965 eröffnet wurde, gibt einen vortrefflichen Überblick über die Bauernhausformen und Lebensarten, die sich in den so verschiedenartigen Landschaften Schleswig-Holsteins entwickelt haben. Von überallher wurden dem Abbruch geweihte, aber dokumentarische Gehöfte, Scheunen und Handwerkerbauten hierher überführt, sorgfältig wieder aufgebaut und mit alter Einrichtung versehen. Man lernt verstehen, wie sich die drei im Lande heimisch gewordenen Bauernhausformen – das langgestreckte Niedersachsenhaus, das quadratische friesische Barghus (Haubarg) und das von Norden kommende schmale "cimbrische" Haus – zu etwa 18 verschiedenen Bautypen abgewandelt haben, die über sehr lange Zeiten hinweg das bäuerliche Siedlungsbild prägten. Gemeinsam ist allen diesen Wohnbauten, daß sie Mensch, Tier und Vorräte möglichst unter einem Dach zusammenfassen. Die Handwerkerhäuser, welche hinzutreten, zeigen die Handwerke z. T. in Betrieb, so Kunstschmiede, Silberschmiede, Weberei, Töpferei, Korbflechterei, Kerzenzieherei, Meierei, Windmüllerei; in einer Bäckerei gibt es selbstgebackenes Brot aus dem Steinofen. Karpfenteiche, weidendes Vieh, Dam- und Schwarzwild im Gehege und Volieren mit Raub- und Rabenvögeln tragen zur Belebung des Geländes bei. Über dieses verteilt findet man drei Windmühlen verschiedenen Typs und eine Wassermühle.

Der Eintritt erfolgt durch ein *Torhaus,* das nach einem 1770 von dem bedeutenden Eutiner Hofbaumeister Greggenhöfer für das Gut Deutsch-Nienhof geschaffenen, aber erst hier verwirklichten Entwurf errichtet wurde. Es beherbergt auch die Verwaltung. Nahebei der ansehnliche *Drathenhof* aus der Kollmarer Marsch, der zu einer behaglichen Museumsgaststätte umgebaut wurde. Im Frühjahr 1976 standen von den geplanten 52 Bauten bereits 45; weitere, darunter eine Reeperbahn (d. i. Seilerbahn), waren im Aufbau. Man rechnet damit, daß in etwa 10 Jahren der Aufbau abgeschlossen sein wird.

6. Stadtteile südöstlich der Förde

Die Stadtteile jenseits der Förde sind Gaarden, bestehend aus *Gaarden/Süd* und *Gaarden/Ost,* weiter nach Norden *Ellerbek, Wellingdorf* und das nördlich der Schwentine gelegene *Neumühlen-Dietrichsdorf.* Man erreicht sie mit der Fähre von den Anlegestellen Seegarten- bzw. Reventloubrücke nach Wellingdorf-Dietrichsdorf-Neumühlen oder um die Hörn herum über die Gablenzbrücke, die die Eisenbahn überquert (benannt nach dem österr.

Statthalter Feldmarschall-Leutnant Ludwig von Gablenz während der Jahre 1864/66), bzw. weiter südlich über die Alte Lübecker Chausssee und den Theodor-Heuss-Ring. Im Zuge der Gebietsreform sind südwestlich von *Elmschenhagen* die noch ländlichen Orte *Rönne, Wellsee, Moorsee* und *Meimersdorf* vor einigen Jahren nach Kiel eingemeindet worden.

Die ganze Hafenzone am Ostufer war bis zum Kriege von der Werftindustrie eingenommen: von Süden her zunächst die Krupp'sche Germaniawerft, dann die Kaiserliche Werft, nach 1919 Reichswerft bzw. später Deutsche Werke genannt; es folgten das Marinearsenal, das heute noch an seiner Stelle ist, und nördlich der Schwentine die Howaldtswerke. Die starke Kriegszerstörung und dann auch die Demontagen haben das Bild völlig verändert. Die Germaniawerft und die Deutschen Werke sind nicht mehr vorhanden, Howaldt (s. S. 62), die einzige weitergeführte Werft, hat teilweise ihre Stelle eingenommen. Einzelne Werke der Zulieferindustrie und anderer Branchen sind hier dann angesiedelt worden.

Auch die Stadtteile selbst haben ihr Gesicht weitgehend verändert und entschieden verbessert. Freundliche Siedlungsbezirke, Hauptstraßen in moderner Freiräumigkeit und großzügiger Baugestaltung machen im Vergleich zu den erhaltenen Altbaubezirken den städtebaulichen Fortschritt deutlich in diesen vornehmlich von den Werktätigen der Industriewerke bewohnten Stadtvierteln.

GAARDEN war u. a. Standort der Schlachthöfe; doch ist das ganze Gebiet jetzt für eine umfassende städtebauliche Neugestaltung vorgesehen.

Am Ende einer schmalen, tief einschneidenden Parkanlage, dem Gaardener Brook, nahe dem Ostring, liegt die *St. Markuskirche* (1961; Mackh) mit freistehendem Turm. Als Altaraufsatz sechs barocke Gemälde mit Passionsdarstellungen, an den Fenstern buntfarbige Glasgemälde biblischer Stoffe. Von hier sind über weite Liege- und Spielwiesen hinaus Wanderwege angelegt, die zum *Langsee,* durch Niederholz zum *Kuckucksberg* (56 m) und weiter zum *Wellsee* führen. Näher dem Hafen, an der Schulstraße, liegt die *St. Johanneskirche* mit Gemeindezentrum, 1961 in gelbem Backstein errichtet. Ganz in der Nähe die moderne *Gaardener Schwimmhalle,* unmittelbar daneben die großzügig angelegte **Jugendherberge** mit 504 Betten (C, D 7; 1962); auf ihrem Hof der Neptunbrunnen von During (1961). Vor der *Hans Chr. Andersen-Schule* in der Stoschstraße die Bronzeplastik "Märchenerzählerin" von During (1959). Am Ostrand des Stadtteils die neue *St. Matthäuskirche,* weißgetüncht und kupfergedeckt mit bemerkenswertem Steinrelieffries am Eingang. Im Innern ein Glasgemälde von Wallner "Josephs Traum vor der Flucht nach Ägypten" (1975). Nahebei die *Coventryhalle,* eine große Spiel- und Sporthalle für Schulen und Vereine, und das beliebte *Sommerbad Katzheide.* Im Norden als Anziehungspunkt der große **Volkspark** (E 7), mit ausgedehnten, von großen Baumgruppen durchsetzten Rasenflächen in welligem Gelände und Durchblicken auf die Förde. Im Park das *Haus der Jugend* und am Parkrand die katholische *St. Josephskirche* mit mächtigem quadratischem Turm.

Bestimmend nicht nur auf den Stadtteil Gaarden, sondern auf ganz Kiel wirkt sich das *Werk Gaarden* der **Howaldtswerke-Deutsche Werft** aus, das – zusammen mit dem *Werk Neumühlen-Dietrichsdorf* und dem *Werk Süd* – das bedeutendste Industriewerk Schleswig-Holsteins ist. Die Vorgeschichte der Werft datiert vom 1. 10. 1838, als der Kieler Kaufmann und Reeder Johann Schweffel (1796–1865) mit dem Mechanikus August Ferdinand Howaldt (1809–1883) eine Maschinenfabrik und Eisengießerei am anderen Fördeufer eröffnete. Bei ihnen lief 1850 der "Brandtaucher" von Wilhelm Bauer aus Dillingen vom Stapel, das erste Unterseeboot und erste deutsche Ganzeisenschiff. Der Sohn Georg Howaldt (1841–1909) förderte die Kieler Werft durch eigene Gründungen und vereinigte 1889 die Maschinenfabrik mit seiner Dietrichsdorfer Werft am Nordufer der Schwentinemündung. Bei seinem Tode war seine Gründung zu einer bedeutenden Werft ausgebaut, die große Kriegsschiffe, Frachter, Tanker und Schwimmdocks baute 1911 z.B. das erste seegehende Motorschiff der Welt. Der Zweite Weltkrieg brachte schwere Zerstörungen. Die Notwendigkeit einer leistungsfähigen Reparaturwerft für den Ostseeschiffsverkehr rettete der Howaldtswerft als einziger der Kieler Werften die Weiterexistenz. Sie wurde 1967 mit der Howaldtswerke Hamburg AG und der Deutsche Werft AG zur Howaldtswerke-Deutsche Werft AG Hamburg und Kiel (HDW) zusammengeschlossen, einer der leistungsfähigsten Werften der Welt.

Die HDW steht seit Jahren nach abgelieferter Tonnage (1975 7 Schiffe mit zusammen 1,38 Mio tdw) an erster Stelle unter den deutschen Werften. Das Kieler Werk, in dem nach Fertigstellung des neuen Großdocks im Februar 1976 Schiffe bis zu 700 000 tdw gebaut werden können, lieferte 1975 5 Schiffe mit zusammen 1,1 Mio tdw ab. Zum Produktionsprogramm gehören Tanker, Produktentanker, Erz-/Öl-Transporter, Gastanker, Massengutfrachter, Containerschiffe, Fischfabrikschiffe und Offshore-Großgeräte wie Bohrinseln, Hubinseln und Transportleichter. Anfang 1976 waren etwa 2 300 Angestellte und 6 600 gewerbliche Arbeitnehmer (einschl. Auszubildende) beschäftigt.

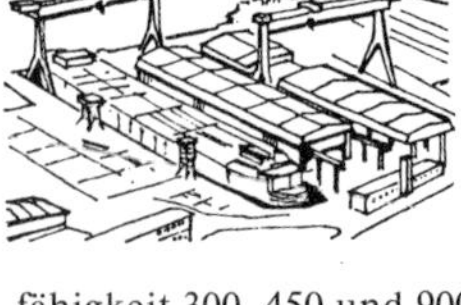

Hauptproduktionsstätte ist das Werk Gaarden, in dem die Schiffe gebaut und weitgehend ausgerüstet werden. Nur die Endausrüstung erfolgt vorerst noch im Werk Dietrichsdorf, wo sich u. a. auch die Hauptverwaltung und die Konstruktionsabteilungen befinden. Das Wachsen der Schiffe ist vom Westufer gut zu beobachten. Besonders eindrucksvoll ist das Bild der drei gigantischen *Portalkräne,* deren Tragfähigkeit 300, 450 und 900 t beträgt, dazu bestimmt, mächtige Schiffsfertigteile an die Schiffskörper heranzutragen. Der erst 1975 errichtete 900 t-Kran, einer der leistungsstärksten der Welt, ist 91 m hoch, hat 163 m Spannweite und besteht aus einer Feststütze, einer dünneren Pendelstütze und zwei Querträgern für die Laufkatzen. Die Bedienung besorgt ein Mann in 60 m Höhe mit Hilfe von Sprechfunk und vier Fernsehkameras. Erbauer war die Firma Krupp-Kranbau unter Mitwirkung der Salzgitter Stahlbau GmbH und der Stahlbauabteilung der HDW. Das Gesamtgewicht der Anlage beträgt 4700 t. Das 1976 in Betrieb genommene *Großdock* nimmt mit 426 m Länge, 88,4 m Breite und 10,1 m Tiefe eine Grundfläche von 38000 qm ein und ist ca 390 m in die Förde hinausgebaut. Die Breite der beiderseitigen Trennbauwerke beträgt 83 bzw. 57 m. Das an der Hörn gelegene HDW-Werk Süd dient dem Bau von Sonderschiffen (z. B. U-Boote).

ELLERBEK, mit den Anlagen des Marinearsenals am Fördeufer, war vordem eine Fischersiedlung, von der die noch bestehende, über 300 Jahre alte Buttgilde (gegr. 1666) Zeugnis gibt. Der Ortsteil wird in seiner ganzen Länge von dem reizvollen *Schwanenseepark* durchzogen, der eine Kette von fünf Teichen mit Karpfen und Goldfischen aufweist und im *Stadtrat-Hahn-Park* seine Fortsetzung findet. Ein Wanderweg führt von hier nach Süden zum *Tröndelsee,* der in einer Brachniederung liegt, und weiter zur Preetzer Chaussee. Am Ende des Parks die *Bugenhagenkirche* (1961; Voigt). Vor der Ellerbeker Schule am Klausdorfer Weg eine “Ganglion Beta A” genannte Plastik aus Aluminium, von Schmaltz (1973).

WELLINGDORF ist der Brückenort an der Schwentine, weithin neu durchgebaut, mit einer neuen Marktanlage, dem Tilsiter Platz, an dem ein lustiger Brunnen mit Bronzefigur “Ellerbeker Buttjer” steht (Hensel-Krüger; 1963). Die *Andreaskirche* (1965) hat eine Altarwand aus mosaikartig gesetzten Glassteinen um eine monumentale Kreuzform. Ein modernes großes *Brückenbauwerk* über die Schwentine oberhalb der alten Brücke führt jetzt zu den Ausfallstraßen nach Norden (Laboe, Schönberg).

In der Bedeutung stark zurückgegangen, jedoch immer noch ein Faktor in der Kieler Wirtschaft ist der **Fischereihafen** mit dem *Seefischmarkt.* Die umfangreichen Anlagen, die ständig ausgebaut wurden, sind: Auktionshallen, Kühlhäuser, Gebäude zahlreicher Firmen der Fischindustrie, das Fischereiamt des Landes, die Abteilung Fischereibiologie des Instituts für Meereskunde und eine Außenstelle der Bundesforschungsanstalt für Fischerei, schließlich ein Seefischrestaurant. Fischauktionen finden morgens um 5 Uhr statt. Der Fischumschlag betrug 1975 12000 t (1970 noch 48000 t). Der hier ansässigen Fischereigenossenschaft, der “Fischverwertung Kieler Förde GmbH”, gehören rd 60 Fischkutter an, die meist in anderen Fördehäfen beheimatet sind, ihre Fänge jedoch hier anlanden. Ein kleiner Hafen für Kutter, Fischer- und Segelboote befindet sich in der Schwentinemündung. Ein Teil des Seefischmarktgeländes ist inzwischen Areal für sonstige Industrie geworden.

Alten Ruf genießen die *Kieler Sprotten,* delikate Räucherfischchen. Lebend heißen sie Breitlinge (Clupea sprattus), werden 9–12 cm, höchstens 17 cm lang, sind etwas breiter, aber sonst dem jungen Hering täuschend ähnlich. Fanggebiete sind die Ostsee und die norwegischen Fjorde. Der Breitling wird wie die Sardelle auch zu 'Anchovis' verarbeitet. Geräuchert werden die Sprotten seit 1854.

Das **Schwentinetal.** Das hier einmündende, landschaftlich reizvolle Schwentinetal ist durch einen Wanderweg erschlossen. Er führt von der Schwentinebrücke in Wellingdorf zunächst südlich der Schwentine, nach ca 1 km auf einem Steg über den Fluß und auf der nordöstlichen Seite am ehemaligen *Gut Oppendorf* vorbei zum *Heegholz,* einem hügeligen Forst, in den die Schwentine tief einschneidet. Der Weg führt dann am Uferhang entlang zur *Oppendorfer Mühle* (Gasthaus) bei einem Kieler Wasserwerk; weiterhin an der *Rastorfer Mühle* (E-Werk) vorbei, oberhalb deren das Gasthaus *Villa Fernsicht* einen weiten Ausblick über das Schwentinetal bis zur Förde hin bietet. Hier auch ein kleiner *Reptilien-Zoo* mit exotischen Tieren (Boa constrictor, Chamäleon, kleiner Gecko, Ochsenfrosch u. a.). Jenseits eines weiteren E-Werks ist die Schwentine zu einem 2 km langen See, dem *Rosenfelder See,* gestaut. An seiner Südwestseite hat die Gemeinde Raisdorf auf einem 40 ha großen Gelände in anmutiger Waldlandschaft ein Erholungs- und Freizeitzentrum, den **Schwentinepark,** angelegt mit mehreren Wildgehegen, Volieren, beheiztem Schwimmbad, Spiel- und Sportplätzen, einer Tennishalle, Bootsvermietung u. a. m. Der Park soll noch weiter ausgebaut werden. Von Raisdorf Autobus und Eisenbahn nach Kiel.

Im Sommer fährt von der Schwentinebrücke in Wellingdorf ein Motorboot bis zum Heegholz, wo der Schwentine-Wanderweg erreicht wird. Die Fahrt durch den windungsreichen Fluß an Wiesen, Unterholz und an reetbewachsenen, von Wasservögeln belebten Ufern vorbei ist außerordentlich lohnend und dem ersten Teil des Wanderweges vorzuziehen.

NEUMÜHLEN-DIETRICHSDORF, nördlich der Schwentine gelegen, ist seit dem Wiederaufbau nach dem Krieg ein schöner und gepflegter Stadtteil geworden, mit weithin sichtbaren Hochhäusern. Ein Zentrum des Ortes bildet der Ivensring mit der *Paul-Gerhardt-Kirche* (1959) und einem kleinen Teich, umgeben von Grünanlagen, darin der Poggenbrunnen (1960), aus drei Fröschen bestehend, unter Bezug auf den volkstümlichen Ortsnamen 'Poggendörp'. Hier auch die bekannte Bronzeplastik des Ballonmannes von Querner (1964). Gleich anschließend die moderne *Andreas-Gayk-Schule* und ihr gegenüber die 1914–15 von Prinz gebaute, städtebaulich wirksame *Adolf Reichwein-Schule,* deren Fassade ein Keramik-Relief "Erster und letzter Schultag" von Hurte (1964) schmückt.

Im Nordosten am Masurenring ein neueres Wohnviertel mit der großen *Toni-Jensen-Schule* neben dem Wasserturm.

Unten an der Schwentinebrücke die *Holsatia-Mühle,* zur Mühlenvereinigung Kurt Kampmeyer KG gehörend, eine der größten Mühlen Deutschlands. In der Nähe die *Dr. Rudolf Hell-Werke* für Nachrichtengeräte. Das Fördeufer nimmt das *Werk Dietrichsdorf* der Howaldtswerke-Deutsche Werft AG ein, das der Endausrüstung im Werk Gaarden gebauter Schiffe dient. (s. S. 62). Nördlich daran schließt sich das 1971 in Betrieb genommene *Gemeinschaftskraftwerk Kiel* mit 133 m hohem, auf drei Stützen gestelztem Schornstein.

ELMSCHENHAGEN. Südöstlich von Gaarden landeinwärts, beiderseits der Preetzer Chaussee, zieht sich der langgestreckte Stadtteil Elmschenhagen mit Kroog nahe am Wellsee hin. Viele Werkswohnungen der Werftindustrie in freundlicher Backsteinbauweise. Die *Stephanus-Kirche,* weißgetüncht mit sehr spitzem Turm (1962; Mackh), weist den in modernen Kirchen seltenen basilikalen Grundriß auf. In der Ortsmitte ein modernes Schulzentrum. Hier auch die katholische *Heilig-Kreuz-Kirche,* auffallend durch ihre 150 Fensteröffnungen in der östlichen Längswand. Hinter Kroog beginnt das zum Klosterforst Preetz gehörende *Rönner Gehege,* ein großes, bis fast nach Preetz reichendes Waldgebiet, mit vielen Wanderwegen.

Der südlichste Teil des Kieler Stadtgebietes umfaßt die neu eingemeindeten Stadtteile WELLSEE, RÖNNE, MOORSEE und MEIMERSDORF. An Wellsee schließt sich im Südosten das große Moorgebiet um den verlandenden Wellsee; im Südwesten zur B 404 hin wurde ein großes, aber von der Industrie bisher noch nicht angenommenes Industriegebiet angelegt, in dem aber der neue *Schlachthof Kiel* seine Arbeit aufgenommen hat. Rönne, Moorsee und Meimersdorf sind zur Zeit noch Dörfer inmitten von Feldern und Wiesen.

7. Die Kieler Förde

Die **Kieler Förde,** die ganz von der Stadt Kiel und ihren Ausstrahlungen beherrscht wird, ist die südlichste der Ostseeförden und der beste natürliche Hafen der deutschen Ostseeküste. Sie ist eine keilförmige, 17 km lange Meeresbucht, die außen 6,5 km breit ist und einst der durch Eismassen erweiterte Mündungstrichter der Eider war. Diese ist aber bei einem späteren Eisvorstoß durch eine Endmoräne (Hornheimer Riegel) nach Westen und zur Nordsee abgedrängt worden. Markante Sichtpunkte an der Einfahrt zur Förde sind der Bülker Leuchtturm und das Ehrenmal Laboe. Weiter draußen weist als erstes Seezeichen der Leuchtturm Kiel den Schiffen den Weg in die Förde.

ECKERNFÖRDE
Eckernförder Bucht
Böhnruh
Hemmelmark
Hemmels-
marker S.
Louisenberg
Jellenbek
Krusendorf
Surendorf
Noer
Eliesen-
Gröhnwohld
Schwede
dorf
Lindhof
Lindhöft
Aschau
Hohenkamp
Schnellmarker
Holz
Schnellmark
Kronsbek
Marienthal
Altenhof
Goos S.
Hoffnungstal
Rotenstein
Neudorf-
Borghorst
Stubbendorf
Birkenmoor
Dänischer
Hofholz
Lager
Stratenbrook
Bornstein
Ravenhorst
Borghorster-
hütten
Kaltenhof
Osdorf
Stodthagen
Böhnreben
Felm
Harzhof
Hohenlieth
Harfe
Hennerode
Gettorf
Felmersöhren
Dehnhöft
Altenholz
Hohenholm
Wohld
Friedrichshof
Holtsee
Revensdorf
Felmerholz
Fuschera
Tower
See
Tüttendorf
Wulfshagen
Rathmannsdorf
Lagenburg
Mühlenau
Sehestedter
Grünhorst
Holz
Wulfshagener-
Blickstedt
Kluvensieker
Krummlinde
Lindau
Königs-
förder
Wohld
hütten
Heidholm
Holz
Scharfen-
holz
Lindauer
Schinkeler-
hütten
Neu-
wittenbek
Projensdorf
Altwittenbek
SUCHSDORF
Warleberg
Groß-
königs-
förde
Schinkel
Landwehr
Reimershof
Schwartenbek
Rajensdorf
Osterrade
Klein-
königsförde
Eider-Kanal
Rosenkranz
Strohbrück
Ottendorf
Stampe
Georgental
Krummwisch
Kronshagen
Wakendorf
Flemhuder
See
Quarnbek
Bovenau
Bredenbek
Großnordsee
Breden-
moor
Jägerslust
Flemhude
Melsdorf
METTENHOF
Kleinnordsee
Achterwehr
HASSELDIEKS-
DAMM
Kronsburg
Rolfshörn
Felder-
Holz
Ranzel
Brandsbek
Söhren-B.
RUSSEE
Felde
Ahrensee
Schönwohld
Schönhagen
Sandfeld
Marutendorf
Hansdorfer S.
Vorderer
Steinfurth
Hammer
Bruxer
Haßmoor
Holz
Wulfsfelde
Trentrade
Bossee
Eider
Hohenhude
Schulen-
see
Ramm-
see
Tem.-B.
Westensee
Mielkendorf
Westensee
Charlotten-
höhe
Ekhöft
Staats-
forst
Rodenbek
Brux
Bloten-B.
Wrohe
Gr. Schieren-
see
Marienberg
Molf S.
Molfsee
Tüte-B.
Emkendorf
Josefinenhof
Schierensee
Neumünster
Kleinflintbek
Deutsch-Nienhof
Rumohr
Roten-
hahn
Voorde
Fehlt-
moor
Bollhusen
Vollstedter
Flintbek
202
76

KIEL
UND UMGEBUNG
0 2 4 6 km
1: 200 000
Leuchtturm Kiel
Kieler
Bucht
Bülker Leuchtturm
Stohl
Marienfelde
Altbülk
Gut
20
Strande
Strander Bucht
Olympia-Zentrum
SCHILKSEE
Seekamp
Förde
PRIES
FRIEDRICHSORT
Kieler
Kolberger Heide
Bottsand
Heidkate
Kalifornien
Holm
Brasilien
Salzwiesen
Barsbeker See
Marina-Wendtorf
Stein
Barsbek
Wendtorf
Wisch
Schönberger Strand
Neuschönberg
Stakendorfer Strand
Marine-Ehrenmal
Hagener Au
Laboe
502
Krokau
Schönberg
Stakendorf
37
Lutterbek
Brodersdorf
Prasdorf
Fiefbergen
25
Krummbek
Höhndorf
Ratjensdorf
U-Boot-Ehrenmal
Möltenort
Neuheikendorf
Röbsdorf
39
Heikendorf
Schüttbrehm
40
Passade
Gödersdorf
Bendfeld
Kitzeberg
Gut
Schrevenborn
Probsteierhagen
57
Mönkeberg
Muxall
Wulfsdorf
Passader See
Fahren
Sophienhof
Kieler Hafen
Kasse-T.
Stoltenberg
47
DIETRICHSDF.
Schönkirchen
Charlottental
Pratjau
Landesregierung
NEUMÜHLEN
Schönhorst
Salzau
63
Salzau
Tökendorf
33
Oslokai
Schloß
WELLINGDORF
37
Dobersdorf
Dobersdorfer See
Fargau
Wulfs-B.
40
Schlesen
Selenter See
ELLERBEK
Oppendorf
GAARDEN-OST
Gut
Flüggendorf
Jasdorf
56
Neuenkrug
Hütten
40
Gut
Heidb.
67
Klausdorf
Schädtbek
ELMSCHENHAGEN
Selkau
Wittenberger Passau
Selent
GAARDEN-SÜD
Oppendorfer Mühle
Liliental
86
HAGEN
88
Hoheneichen
202
Martensrade
Rosenfeld
Gut
WELLSEE
Wellsee
Kroog
Rastorferpassau
45
Raisdorf
Rastorf
Passau
Gut
Gut
Wildenhorst
RÖNNE
Brook
Klosterforst
Neuwühren
Bredeneck
Wittenberg
Gut
Gödfeld
Schlüsbek
55
Pohnsdorferfeld
Schwentine
Neuwührener Au
43
Christianruhe
Rönnerdamm
Spolsau
55
79
Preetz
Hohenhorst
Wakendorf
Rethwisch
Hasselburg
Großhavighorst
Pohnsdorf
PREETZ
Hohenhütten

Der **Leuchtturm Kiel**, auch gern Feuerturm genannt, wurde im Juli 1967 fertiggestellt und hat das Feuerschiff Kiel an fast gleicher Stelle abgelöst. Der Turmschaft aus Aluminium wurde auf einem Betonsockel in den Meersand eingesenkt. Der Turm hat eine Höhe von 33,5 m über einer Schutzmole und ist vom Bülker Leuchtturm 3,8, vom Ehrenmal Laboe 5,5 Seemeilen entfernt. Lichtsignal 3 sec hell, 3 sec dunkel, mit weißem, rotem und grünem Licht den Einfahrtssektor kennzeichnend; das weiße Licht ist bei guter Sicht 23 Seemeilen erkennbar. Der Turm ist ausgestattet mit Radar, Funkfeuer, Luft-Nebel-Schall-Sender, mit automatischer Wetterstation und Notstromaggregat. Er dient als Lotsenstation und bei Regatten der Kieler Woche als Ziel. Durch die Anordnung von zwei rechtwinklig zueinander gestellten, je 50 m langen Molenflügeln wurde an der Südwestseite ein kleiner Hafen für die Lotsenversetzboote geschaffen.

Die weite A u ß e n f ö r d e ist das Eldorado unzähliger sommerlicher Segelregatten. Leuchtbojen – im Nebel auch Heulbojen – kennzeichnen von weit draußen den vielbefahrenen, zur Kanalmündung bei Holtenau und zum Innenhafen führenden Schiffahrtsweg. Eine nur 1 200 m breite Einschnürung auf der Höhe des Friedrichsorter Leuchtturms trennt die Außenförde von der 9 km langen I n n e n f ö r d e , die sich noch einmal zwischen Heikendorf-Möltenort und Holtenau weitet und deren innerste Spitze die sogenannte Hörn ist. Hier immer noch 8–10 m, weiter draußen 12–16 m tief, bleibt die Innenförde noch für Schiffe aller Größen befahrbar. Etwa 60 Fischkutter sind in den Fördehäfen beheimatet.

Der *Friedrichsorter Leuchtturm,* nahe dem Westufer, ist ein 35 m hoher Neubau auf einer 55 x 32 m großen künstlichen Insel. Sein Vorgänger, 1866 erbaut, hatte nur die jetzt nicht mehr ausreichende Höhe von 15 Metern.

Der Blick auf die weite Kieler Förde bildet für den Besucher vom Land her, besonders aber auf einer unbedingt zu empfehlenden Fahrt mit einem der häufig verkehrenden Fördeschiffe nach Laboe (im Sommer 26 x bis Laboe, 7 x bis Strande) stets ein abwechselungsreiches buntes Bild, bestimmt von den durchfahrenden Schiffen verschiedenster Größe, von den Segelschiffen und Fischerbooten, gerahmt von den hügeligen, bis 30 m hohen, walddurchsetzten, belebten Ufern. Der Pflege dieser Uferlandschaft an der Förde hat man seine besondere Aufmerksamkeit zugewandt durch die Anlegung von Promenaden, Aussichtspunkten, Grünanlagen: auf der Westseite bereits vom Schloßgarten an nordwärts bis zur Wik und in Holtenau; an der Ostseite, in Dietrichsdorf beginnend, mit der Anlegung eines abwechslungsreichen, viel begangenen Fördewanderweges, der bis nach Laboe hinführt (s. S. 76).

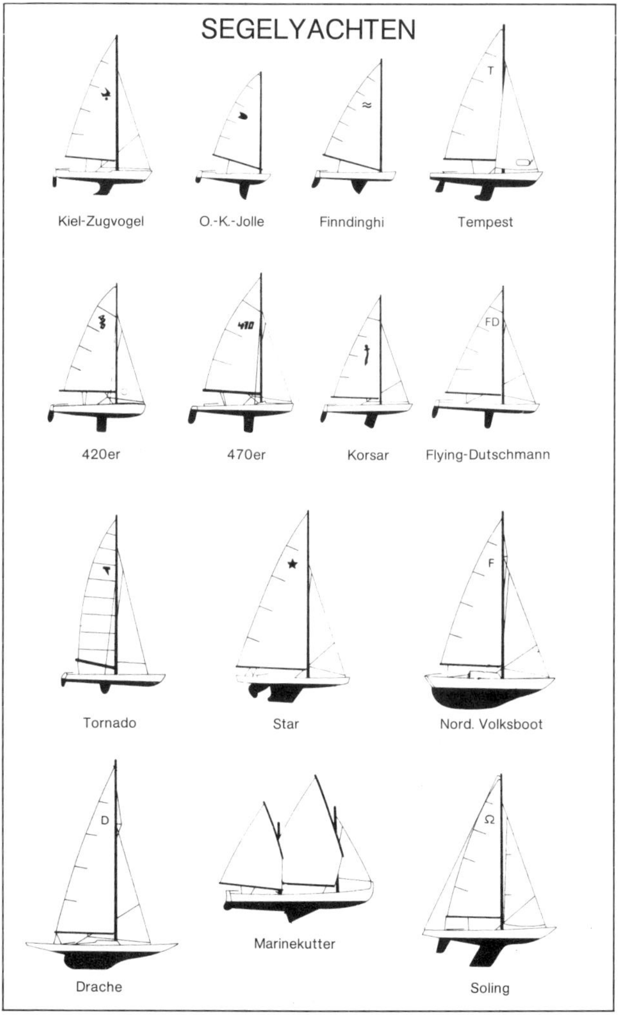
SEGELYACHTEN
Kiel-Zugvogel
O.-K.-Jolle
Finndinghi
Tempest
420er
470er
Korsar
Flying-Dutschmann
Tornado
Star
Nord. Volksboot
Drache
Marinekutter
Soling

Auf dem Westufer liegen nördlich des Kanals die zu Kiel gehörenden Ortsteile *Holtenau, Friedrichsort, Pries* und weiter draußen *Schilksee,* sowie jenseits der Stadtgrenze die Gemeinde *Strande,* auf der Ostseite, nördlich von Dietrichsdorf, *Mönkeberg,* die Gemeinde *Heikendorf* mit den Ortsteilen Kitzeberg, Altheikendorf und Möltenort, schließlich *Laboe.*

8. Das Westufer der Förde

HOLTENAU, seit 1922 eingemeindet, liegt nördlich der Mündung des Nord-Ostsee-Kanals und ist erreichbar mit einer Personenfähre von der Wik (S. 49), über die Holtenauer Hochbrücke oder auch mit dem, hier allerdings nur selten anlegenden Fördeschiff. Der Name des Ortes geht auf ein verschwundenes Flüßchen, die Holstenau, zurück. Der Ort hat seinen ursprünglichen bäuerlichen Charakter verloren. Er wird wesentlich vom Betrieb und Leben des Kanals bestimmt und ist Wohnsitz vieler Kanallotsen.

Die **Holtenauer Schleusen** zu besichtigen, ist unbedingt zu empfehlen, da man den Verkehr großer und kleiner Schiffe vieler Nationen und den Betrieb moderner Schleusenanlagen aus nächster Nähe beobachten kann. Hierfür stehen zwei *Aussichtskanzeln* beiderseits der neuen Doppelschleuse zur Verfügung, von denen die südliche nur von der Wiker, die nördliche nur von der Holtenauer Seite zugänglich ist. Seit 1976 gibt es auch einen *Informationsraum* mit Modellen des alten Eiderkanals, der Holtenauer Schleusen und der Hochbrücken, mit Plänen, Fotos, Texten über Baugeschichte, Verkehrsabwicklung und bauliche Aufgaben und mit einer Tonbildschau mit vertonten Dias (im ehemaligen Stromversorgungsgebäude).

Ein Kanal, der erstmals eine Wasserverbindung der beiden Meere schuf, wurde 1777–84 gebaut, das Tal der Levensau benutzend und mit 6 Schleusenstufen die Eider bei Rendsburg erreichend (Maße: 34 km lang, 3,45 m tief, Spiegel-/Sohlenbreite 31/17 m). Der jetzige Kanal, erbaut 1887–95 und Kaiser-Wilhelm-Kanal getauft, wird heute **Nord-Ostsee-Kanal** genannt, international *Kiel-Canal.* Er führt auf seiner 99 km langen Strecke nicht mehr in die Eider, sondern bei Brunsbüttel in die Unterelbe. Beim Bau standen seestrategische Überlegungen im Vordergrund, doch diente er auch von vornherein dem Handelsverkehr. Aus strategischen Gründen (Bau von Großkampfschiffen) wurde er 1910–14 verbreitert (Maße jetzt: Spiegel-/Sohlenbreite 103/44 m, Tiefe 11 m, Gesamtfahrzeit 7–9 St.). Seit 1965 ist eine Erweiterung auf 162/90 m im Gange, die den Verkehr

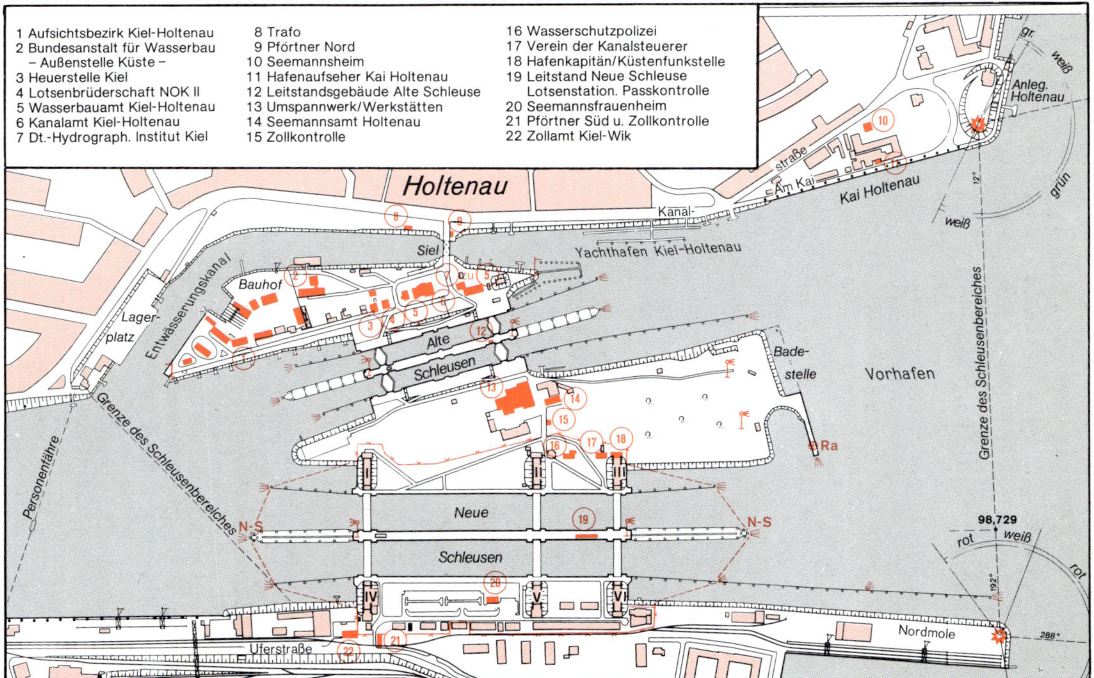

1 Aufsichtsbezirk Kiel-Holtenau
2 Bundesanstalt für Wasserbau – Außenstelle Küste –
3 Heuerstelle Kiel
4 Lotsenbrüderschaft NOK II
5 Wasserbauamt Kiel-Holtenau
6 Kanalamt Kiel-Holtenau
7 Dt.-Hydrograph. Institut Kiel
8 Trafo
9 Pförtner Nord
10 Seemannsheim
11 Hafenaufseher Kai Holtenau
12 Leitstandsgebäude Alte Schleuse
13 Umspannwerk/Werkstätten
14 Seemannsamt Holtenau
15 Zollkontrolle
16 Wasserschutzpolizei
17 Verein der Kanalsteuerer
18 Hafenkapitän/Küstenfunkstelle
19 Leitstand Neue Schleuse Lotsenstation. Passkontrolle
20 Seemannsfrauenheim
21 Pförtner Süd u. Zollkontrolle
22 Zollamt Kiel-Wik
Holtenau
Kanal-
straße
Am Kai
Kai Holtenau
Anleg. Holtenau
gr.
weiß
grün
weiß
12°
Siel
Yachthafen Kiel-Holtenau
Bauhof
Lager-
platz
Entwässerungskanal
Alte
Schleusen
Bade-
stelle
Vorhafen
Ra
Grenze des Schleusenbereiches
Grenze des Schleusenbereiches
Personenfähre
Neue
Schleusen
N-S
N-S
I
II
III
IV
V
VI
98,729
rot
weiß
rot
192°
288°
Nordmole
Uferstraße

rascher und gefahrloser machen wird. Sie geht einher mit sonstigen Sicherungs-, Erneuerungs- und Verbesserungsarbeiten und soll bis 1985 abgeschlossen sein.

Schiffe bis 9,5 m Tiefgang, 32,5 m Breite und 235 m Länge können den Kanal benutzen. Der Verkehr betrug 1975 60281 Schiffe mit 77855194 BRT (ohne Sport- und sonstige Kleinfahrzeuge), d. s. im Durchschnitt 167 Schiffe täglich. Der deutsche Anteil daran betrug 61,1%, davon 4,6% DDR-Schiffe. Dabei wurden 51208802 t Güter transportiert, von denen etwa ein Drittel auf Deutschland (einschl. DDR) entfielen. Die entsprechenden Zahlen für 1974 waren 68456 Schiffe mit 90963219 BRT, d. s. im Durchschnitt 187 Schiffe täglich. Der deutsche Anteil daran betrug auch 1974 61,1 %, davon aber nur 4,2% DDR-Schiffe, die Menge der transportierten Güter 62521571 t. Die Verkehrsentwicklung ist also z. Zt. rückläufig.

Der Weg von der dänischen Insel Møen zu den Benelux- und Kanalhäfen wird durch den Kanal erheblich verkürzt, nach Rotterdam z. B. um 337 sm; für deutsche Häfen ist die Wegersparnis noch größer. 66 verschiedene Flaggen benutzten 1975 den Kanal. Die Höchstgeschwindigkeit ist 15 km/h. 12 Weichen stehen für Überholungen, 15 Fähren, 7 Brücken und 2 Tunnel für die Über- bzw. Unterquerung des Kanals zur Verfügung.

In Holtenau spiegelt sich die Kanalgeschichte im Schleusenbereich deutlich wider. Nördlich auf der Holtenauer Seite ein auch als *Betriebshafen* benutzter Entwässerungskanal. Er liegt im Zuge des alten Eiderkanals. Ein 1910–14 gebautes Siel mit 10 Schützentafeln und 2 Stemmtorpaaren, über das der Zugang zum Schleusenbereich führt, dient der Abführung überschüssigen Niederschlagswassers aus dem Kanal, der gleichzeitig Vorfluter für größere Landflächen ist. Die gewöhnlich im Wasser schwimmenden ‘Flöße’ sind das Holzlager, das der anliegende Bauhof des Wasserbauamtes benötigt, um im Kanalbereich Dàlben zu schlagen.

In der Mitte liegt die ältere **Doppelschleuse** von 1895, die 1973–75 erneuert wurde (Maße: nutzbare Länge 125 m, Breite 22 m, Tiefe 9,80 m), und auf der Wiker Seite die neuere **Hauptschleuse** von 1914 (Maße: nutzbare Länge 310 m, Breite 40 m, Tiefe 4 m, damit fast den Schleusen des Panamakanals entsprechend). Schleusungszeit im Mittel 30 Min. (alte Schleuse), 45 Min. (neue Schleuse). Die Leitstände befinden sich bei beiden Doppelschleusen auf den mittleren Leitwerken. Auf dem südlichen Leitstand ist auch die *Lotsenmeldestelle* mit Aufenthaltsraum für die Lotsen. Für die Kanaldurchfahrt sind rd. 380 Lotsen tätig, die etwa je zur Hälfte in Holtenau und in Brunsbüttel stationiert sind. Auf halbem Wege, in Nübbel bei Rendsburg, lösen sie sich ab. Jedes Schiff über 300 BRT (ca.) und 3,1 m Tiefgang ist lotspflichtig. Eine Lotsenstation befindet sich im Leuchtturm Kiel für Schiffe, die bereits ab dort bzw. bis dorthin einen Lotsen benötigen.

Die Lotsen sind in einer schon seit 1794 bestehenden Lotsenbrüderschaft zusammengefaßt. Sie, eine Anzahl sonstiger Dienststellen und der Bauhof befinden sich auf einer der beiden Inseln, die durch die Schleusen und den Entwässerungskanal gebildet werden. Ein *Yachthafen* an der Nordseite ist für die den Kanal benutzenden Sportfahrzeuge bestimmt. An der Südseite haben zahlreiche Makler- und Schiffsausrüsterfirmen ihren Sitz, die die Schiffe während der Schleusenpassage versorgen. Oberhalb der nördlichen Aussichtskanzel sitzt der Hafenkapitän.

Die Kanalstraße, die das Ufer säumt, führt zum *Holtenauer Kai* an der Förde, dem Anlegeplatz namentlich von Küstenmotorschiffen. An der Landspitze zur Förde hin der runde *Leuchtturm* von 1895 über einer *Gedächtnishalle* für den Bau des Nord-Ostsee-Kanals mit Inschrifttafeln für Kaiser Wilhelm I., Friedrich III. und Wilhelm II. zu den Jahren 1887, 1888 und 1895. In der Nähe die Anlegebrücke der Fördeschiffe, darüber das Gartenrestaurant *Fördeblick,* das seinen Namen zu Recht trägt.

Am Ende der Kanalstraße erinnert ein bekrönter *Sandsteinobelisk* von 1784 mit der Inschrift Patriae et Populo (dem Vaterland und dem Volk) an die Vollendung des Eiderkanals, ebenso ein um 1780 erbautes langgestrecktes *Kanalpackhaus,* Kanalstraße 61/65. Auf der Anhöhe beherrschend ein großes *Altersheim* des Kieler Stadtklosters und darüber die 1896 erbaute *Dankeskirche* mit dem Friedhof. Am Fördeufer dann der *Lotsenhafen* mit dem Liegeplatz für Lotsenversetzboote – der frühere Lotsenwachtturm wurde abgebrochen –, eine Seebadeanstalt, der *Tonnenhof* des Wasser- und Schiffahrtsamtes und der *Fliegerhorst Voßbrook.* In Holtenau liegen das Kommando der Marineflieger und eine Seenotstaffel, die statt der früheren Wasserflugzeuge jetzt nur noch Hubschrauber verwendet. Im Norden des Ortes befindet sich der sowohl dem zivilen als auch dem militärischen Luftverkehr dienende **Kieler Flugplatz.** Der zivile Luftverkehr beschränkt sich zur Zeit allerdings nur auf Privat- und Charterflüge. Rundflüge durch die Holstenflug AG sind möglich (ab 30 DM). Im Abfertigungsgebäude an der Nordseite ein Flugplatzrestaurant. Der Flugplatz ist auch Stützpunkt für Segelflieger und Fallschirmspringer.

Nordwestlich davon, jenseits der Straße, ist eine moderne Wohnsiedlung, *Stift-Altenholz,* nicht zu Kiel gehörig, entstanden. Die Kirche, ein schlichter Bau von Hetzsch (1969), wird im Innern beherrscht von einem monumentalen Betonrelief des Leidensweges Christi von Drews; schöne Glasfenster von Hansing. Das mit der Kirche zusammenhängende *Gemeindezentrum* ist nach dem 1959 verstorbenen Bischof von Oslo, Eivind Berggrav, genannt, der sich nach dem Krieg intensiv für die Versöhnung mit den Deutschen eingesetzt hat.

Im Westteil des Ortes, hinter einem Teich hübsch gelegen, das ehemalige Herrenhaus des Gutes Stift, heute Außenstelle Meeresgeologie des Geologischen Instituts der Universität.

3 km westlich von Holtenau, unmittelbar am nördlichen Kanalufer, liegt das **Gut Knoop** mit schönem *Herrenhaus in reinem, klassizistischem Stil, einem großen Wirtschaftshof und zwei Kavaliershäusern (um 1785) sowie prächtigem alten Baumbestand um die ganze Anlage. Schon im 16. Jh. stand hier eine Rantzauische Wasserburg, die 'Arx Cnopia'. Das jetzige *Herrenhaus wurde 1792–96 von dem dänischen Architekten Axel Bundsen für Graf Fr. v. Baudissin gebaut. Im Innern schöne Eingangshalle und zwei Säle mit Stukkaturen und Gemälden, darunter ein Porträt der Urgroßmutter des derzeitigen Besitzers Gerhard Hirschfeld von Max Liebermann. Besichtigung nach vorheriger Anmeldung möglich. Tel. 36 10 12.

1 km westlich von Knoop verläuft noch eine ca. 1 km lange Strecke des alten Eiderkanals von 1784. Am Ende steht noch die kleine *Rathmannsdorfer Schleuse,* eines dieser schlichten frühen Ingenieurwerke, von denen sechs den Kanallauf bis Rendsburg regulierten. Sie ist 35 m lang und 7,8 m breit.

PRIES/FRIEDRICHSORT, an der Küste nach Norden folgend, ist ein Wohn- und Industrievorort, der in Anlehnung an eine Festung entstanden ist, die Christian IV. von Dänemark 1632–37 an der engsten Stelle der Förde angelegt hatte und die ursprünglich "Christianspries" hieß. Die Eckbastionen sind an den wassergefüllten Gräben und den Wallresten noch heute erkennbar. Auf der Landspitze eine Marinesignalstation für den optischen und drahtlosen Signalverkehr und daneben die *Salutbatterie* der Bundesmarine, die beim Besuch ausländischer Kriegsschiffe den Salut erwidert. Hinter dem Deichvorland hier der über einen Steg zugängliche Leuchtturm Friedrichsort (S. 68).

Benachbart am Wasser das wichtigste Werk des Ortes, die *MaK-Maschinenbau GmbH* mit 3 700 Beschäftigten, bedeutend durch den Bau von Dieselmotoren für Lokomotiven, Schiffsantrieben und Panzern sowie von ortsfesten Motoren. Das zweite größere Werk ist die *Lindenauwerft,* 1911 in Memel gegründet, später in Pillau, nach dem Kriege hier ansässig geworden, jetzt mit 500 Beschäftigten, bekannt durch ihren Spezialschiffsbau. In den Uferanlagen nahe der Anlegebrücke der Fördedampfer steht der mächtige Bau der ehem. *Marineschule,* mit einer Länge von 46 Fensterachsen um 1880 aus gelbem Backstein errichtet, der weit über die Förde die Wasserfront Friedrichsorts bestimmt.

Der nach Norden ziehende Falckensteiner Strand mit Anlegestelle der Fördeschiffe (nur im Sommer bedient) ist ein beliebter Badeort der Kieler, besonders der Jugend, mit breiter Sandstrandzone. Auf dem Braunen Berg (22 m), dem Gelände des 1864 erbauten Forts Falckenstein, benannt nach einem General und Militärgouverneur, liegt ein *Jugenderholungsdorf* mit zahlreichen Zelthäusern; am Strand zieht sich ein Campingplatz hin. Die landeinwärts verlaufende neue Fördestraße, ein 3 km langer Strandweg und ein entsprechender Höhenweg über die Steilküste, vorbei an den

50 m hohen Stahlmasten der Empfangsstation der *Küstenfunkstelle Kiel-Radio,* führen nach Schilksee.

SCHILKSEE, an der Außenförde, 1959 in Kiel eingemeindet, hat in den letzten Jahren sowohl als Badeort wie auch als Stützpunkt für Segler erheblich an Bedeutung gewonnen und ist auch ein beliebter Platz für Wohnsiedlungen geworden. Es bietet rd. 1000 Gästebetten. Nach Süden hin ist ein ganz neues Viertel aus Eigenheimen, Mietshäusern und einem Hochhauskomplex für etwa 5000 Bewohner entstanden. Hier auch ein kleiner Kurpark. Wegen der günstigen Lage zu den Kieler Segelrevieren der Außenförde, die im Hinblick auf Wind- und Strömungsverhältnisse zu den besten Segelrevieren der Welt gehören, war Schilksee zum Standort der Olympischen Segelwettkämpfe 1972 auserwählt worden.

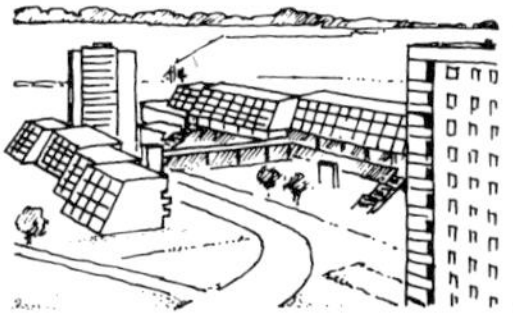

Die Olympiade hat den Ausbau eines **Olympiasegelzentrums** zur Folge gehabt, das alle mit den Wettkämpfen verbundenen Funktionen erfüllen konnte. Die Anlage ist aufwendig gestaltet durch einen langgestreckten, nach oben zurückweichenden Baukörper, durch flankierende Hotel- und Appartmenthochbauten und landeinwärts anschließend durch mehrgeschossige bungalowartige Baukörper. Die ehemaligen Segelquartiere sind jetzt Eigenheime oder sollen als Ferienheime dienen. Gut eingerichtete Gaststätten, Schwimmbäder, Sauna, eine Hochpromenade sind ebenfalls Erbgut der Olympiade. Die zügige Verbindung nach Kiel ist durch die neue Fördestraße gegeben. Der *Olympiahafen* umfaßt zwei durch Wellenbrecher gesicherte Hafenbecken mit über 400 Liegeplätzen. Die elegante Plastik *Windflügel* ist eine Arbeit von Tomifaro Nacchi (1972).

Ein SCHILKSEE-WANDERWEG, in der Wik beginnend, führt abseits der lauten Verkehrsstraßen durch reizvolle Landschaftsstriche bis an den südlichen Ortsrand: nördlich der Hochbrücke zunächst über Felder, dann an Waldrändern entlang, an der Stelle des hochgelegenen ehemaligen *Fort Herwarth* vorbei durch die *Fuhlenseeniederung* um das *Gut Seekamp* herum.

Hotels. *Olympia,* garni, Drachenbahn 20 (T. 3 90 76), 450 B.; *Schilkseer Hof,* Schilkseer Straße 151 (T. 39 21 96), 17 B.; *Gode-Wind,* Kurallee 8 (T. 39 22 64), 27 B. – Schnellbus 44 S und Fördeschiffe nach Kiel. Anlegestelle im Sommer nahe dem Kurpark, im Winter und bei schlechtem Wetter am Südanleger des Olympiahafens, wo auch die Ausflugsschiffe abfahren.

STRANDE, 1 km nördlich von Schilksee, ist eine Gemeinde von 1660 Einw. im Kreis Rendsburg/Eckernförde. Ursprünglich auf

Fischerei und Landwirtschaft orientiert, hat sich das Dorf jetzt zunehmend auf Fremdenverkehr umgestellt, jedoch ohne Kurbetrieb. Modern ausgebauter *Yacht- und Fischereihafen* mit Steinmole und Wellenbrecher, letzte Anlegestelle der Fördeschiffe auf der Westseite der Förde, besuchter Badestrand.

Landeinwärts der deichgeschützten Strander Bucht liegt hübsch in der Wiesenniederung der *Fuhlensee,* der durch eine Schleuse Verbindung zum Meer hat, ein Angler- und Vogelparadies. – Von Strande führen eine 3 km lange Autostraße und für Fußgänger ein Plattenweg am Ufer entlang, vorüber an den spärlichen Resten der *Wasserburg Alt-Bülk* und am trockengelegten *Bülker Strandsee,* zum **Bülker Leuchtturm,** der auf steinbewehrtem Hügelvorsprung auf dieser Seite den Beginn der Kieler Förde bezeichnet, von Wellenbrechern gegen die starke Brandung geschützt. Aussichtsplattform mit prächtigem Blick, keine Bademöglichkeit. Der erste Leuchtturm wurde 1803 errichtet, der jetzige von 1867 wurde vor einiger Zeit erneuert. Er ist 27 m hoch, sein Zeichen leuchtet 16 Seemeilen weit und zeigt ein Blitzgruppenfeuer von einem und drei Blitzen.

Landeinwärts liegt, durch seine drei Faultürme erkennbar, das ZENTRALKLÄRWERK BÜLK. Dieses führt seit 1975 nach mechanisch-vollbiologischer Reinigung die Abwässer der Stadt Kiel und der Nachbargemeinden, die vordem sehr zur Verschmutzung der Förde beigetragen hatten, durch eine 200 m lange, unterseeische Leitung der Ostsee zu. Dieses "Bülker System" wurde schon 1907 geplant, ist zur Zeit auf 400 000 Einwohner zugeschnitten und scheidet täglich bis zu 70 000 cbm Abwasser aus. Westlich vom Leuchtturm auf dem Steilufer der sog. *Störtebekerwald.* Eine reizvolle Nebenstraße mit Blick auf das Meer führt von Strande zu dem unter Bäumen gelegenen Rittergut *Alt-Bülk* (3 km). Dänischer Wohld s. S. 85.

Hotels in Strande, Vorwahl 0 43 49 (Dänischenhagen): *Puls-Hotel,* Strandstraße 21 (T. 81 91/92), 22 B.; *Petersens Hotel,* garni, Dorfstraße 9 (T. 302 u. 311), 40 B.; *Park-Café,* Strandstraße 15 (T. 81 81), 13 B.; *Haus am Meer,* Bülker Weg 47 (F. 330), 16 B. Verbindung nach Kiel: Schnellbus 44 S über Schilksee, Postbus über Dänischenhagen. Fördeschiff über Laboe.

9. Das Ostufer der Förde

Von Neumühlen-Dietrichsdorf führt ein **Förde-Wanderweg** bis nach Laboe, der alle Fördeorte verbindet und dabei landschaftlich besonders schöne Stellen und Aussichtspunkte berührt. Er beginnt am Nordrand von Dietrichsdorf (Bus 34 von Wellingdorf, Bus 54 von Hbf bis Hermannstraße) und führt zunächst über Höhen, dann durch Wald zum *Ölberg* über dem Ufer südlich von Mönkeberg (Aussicht), von dort hangabwärts zur Mönkeberger Anlegebrücke, über Treppen zur *Kruppwiese* (Liegewiese), durch den Kitzeberger Wald zur Anlegebrücke *Kitzeberg,* dann ca 250 m über Ufergeröll bis zur Landspitze am Beginn der Heikendorfer Bucht. Von hier ab bis Laboe ist er, immer am Ufer entlangführend, durchgehend asphaltiert. (Die Geröllstrecke kann zwischen Kitzeberg und Alt-Heikendorf landeinwärts über Konsul-Lieder-Allee und Schloßkoppelweg umgangen werden).

Von der Anlegestelle Alt-Heikendorf führt der Wanderweg am *Stinnespark*, dem Yacht- und Fischereihafen und der Anlegebrücke Möltenort vorbei zum U-Boot-Ehrenmal (s. u.). Von hier nochmals – abkürzend – einige hundert Meter über Ufergeröll oder besser den steilen Hang hinauf (Treppe) und nach kurzer Zeit wieder zum Ufer hinab, dann am *Campingplatz* vorbei und durch das Gelände des Marinemunitionsdepots Jägersberg mit einer Verladeanlage bis zum Fischereihafen von Laboe. Montags bis freitags muß damit gerechnet werden, daß der Durchgang wegen Munitionsverladung zeitweise gesperrt ist. Wegen des dann notwendigen weiten Umwegs um das Depot empfiehlt sich in solch einem Falle zwischen Möltenort und Laboe die Benutzung des Autobusses (Wegstrecke insgesamt ca 8 km).

Mönkeberg. – Jenseits der Stadtgrenze hinter Neumühlen-Dietrichsdorf liegt am Wasser die Gemeinde Mönkeberg (3 140 Einw.) mit Anlegebrücke der Fördeschiffe, etwas Badestrand und einem Seglerhafen für über 200 Boote. Der Name des Ortes rührt von einer schon 1244 genannten Ansiedlung von Minoriten her, die zum Franziskanerkloster in Kiel gehörten. Südlich des Ortes der Aussichtspunkt *Ölberg* (27 m), der seinen Namen nach einem früheren unterirdischen Tanklager der Marine hat. Die von der Wasserseite her weithin sichtbaren weißen Baken auf der Höhe über Mönkeberg dienen den Schiffen zur Kompensierung, d. h. Abweichkontrolle ihrer Magnetkompasse.

Heikendorf. – Nach Norden schließt sich mit 7 800 Einwohnern die Gemeinde Heikendorf an, mit den Badeorten Kitzeberg, Altheikendorf und Möltenort, alle mit Anlegestellen der Fördeschiffe.

KITZEBERG hat Strand und Bademöglichkeit, sehr schöne Buchenwälder mit Krähenhorsten und einen herrlichen *Golfplatz*, einen der größten in Deutschland. Im übrigen bildet dieser Ortsteil ein ruhiges reines Landhausviertel. Am Nordrand die Biologische Bundesanstalt für Land- und Forstwirtschaft mit dem Institut für Getreide-, Ölfrucht- und Futterpflanzenkrankheiten.

Etwas nördlicher landeinwärts der idyllische Mühlenteich am Wege nach dem nahen Gute *Schrevenborn*. Dieses liegt unter alten Eichen noch großenteils vom alten Burggraben umgeben, über den eine alte Brücke mit einzelnen Barockplastiken (Putten) führt. Das reetgedeckte Herrenhaus ist modern. Es folgt noch die alte Försterei, ein reetgedecktes Fachwerkhaus. Weiterhin rechts ein reizvoller Wanderweg nach Probsteierhagen.

ALTHEIKENDORF und MÖLTENORT gehen ineinander über, am Wasser durch den sog. *Stinnespark* getrennt, jetzt eine öffentliche, zur Hälfte privat durchbaute hügelige Anlage. Südlich davon, an der Heikendorfer Bucht, eine kleine moderne Badeanstalt, auf den Salzwiesen dahinter Liegewiese und Tennisplätze.

Nahe der Landebrücke Altheikendorf eine Bronzeplastik von Karin Hertz 'Junge mit Fisch'. Möltenort besitzt einen ansehnlichen *Yacht- und Fischereihafen.* Etwa die Hälfte der z. Zt. rd 60 Fischkutter des Fördebereichs ist hier beheimatet. Für rund 200 Fischer, die vorwiegend aus Ostpreußen (Pillau) stammen, wurde auf dem Heidberg eine *Fischersiedlung* angelegt. Diesen Fischern ist der Aufschwung der Küstenfischerei, die ursprünglich nicht sehr bedeutend war, zu verdanken. Auf dem 34 m hohen Heidberg jetzt mehrere Punkthochhäuser als Akzente der Ortssilhouette. Eine *Kirche* wurde 1953 von Langmaack gebaut, mit tief ansetzendem, spitzem Turmhelm.

Die einstige Schanze an der Landspitze von Möltenort nimmt das 1930 in rotem Sandstein angelegte, 1936 stark veränderte **U-Boot-Ehrenmal** ein. Der von einem flügelbreitenden Adler gekrönte, 17 m hohe Pfeiler hat zu den Seiten vertieft angelegte Gedenkhallen, verbunden durch einen halbkreisförmigen Umgang. Die Namen der Gefallenen sind auf Bronzeplatten verzeichnet. Im Ersten Weltkrieg gingen 200 Boote mit 4744 Mann unter, im Zweiten Weltkrieg waren es 736 U-Boote mit 27491 Mann, davon etwa zwei Drittel im Atlantik und im Englischen Kanal.

Nördlich des Ehrenmals breiter Sandstrand, an dem sich das Badeleben von Möltenort konzentriert. Nach Norden folgt der große *Campingplatz Korügen.* Hinter diesem die Höhe des ehemaligen Forts Korügen auf dem *Heidberg* (34 m), der eine gute Aussicht bietet.

Hotels in Heikendorf: *Am Meer,* Alt-Heikendorf, Hafenstraße 1 (T. 24 13 63), 24 B.; *Friedrichshöh,* Alt-Heikendorf, Dr.-Leonhardt-Weg (T. 24 13 66), 14 B.; *Zur Schönen Aussicht,* Möltenort, Uferweg 5 (T. 24 11 97), 21 B.

Laboe, Ostseebad am Ausgang der Kieler Förde mit 4500 Einwohnern und Endpunkt der Fördeschiffahrt auf der Ostseite der Förde, ist ein beliebter Familienkurort, der mancherlei Vorzüge miteinander verbindet. Er ist der alte Hafenort der Landschaft Probstei. Der Name, im 13. Jh. 'Lyboden', ist vermutlich wendischen Ursprungs und soll 'Schwanenort' bedeuten. Vorhanden ist ein kilometerlanger flacher *Sandstrand.* Kaum ein Ostseebad gibt die Möglichkeit, Schiffe aller Größen, Typen und Nationen in fast greifbarer Nähe an sich so vorbeiziehen zu sehen wie hier. Der *Yacht- und Fischereihafen* ist der Liegeplatz für ca. 20 hier beheimatete Fischkutter und zahlreiche Fischerboote. Segler aller Größen füllen den Hafen, vor allem in den Regattazeiten. Der Zoll und die Gesellschaft zur Rettung Schiffbrüchiger haben hier ihren Stützpunkt, die letztere mit dem Seenotrettungskreuzer 'Theodor Heuss'. Strandanlagen mit neu errichtetem, ganzjährig geöffnetem *Meerwasserschwimmbad* (bis 28°) und Kurpark mit Kurkonzerten. Eine alte *Windmühle* oberhalb des Hafens ist als Aussichtsgaststätte eingerichtet. Am Hafen in auffallender

Lage ein großes Appartmenthaus, im Oberdorf noch vereinzelt Probsteier Bauernhöfe niedersächsischer Bauart.

Hotels in Laboe (Vorwahl 04343): *Kurhaus,* Strandstraße 1 (T. 7749), 46 B.; *Laboe,* Dellenberg 2 (T. 7990), 25 B.; *Seeterrassen,* Strandstraße 86–88 (T. 8150), 18 B.; *Strandpavillon,* Strandstraße 7 (T. 214), 14 B.; *Erholung,* Friedrichstraße 6 (T. 695), 13 B.; *Seegarten,* Hafenstraße 13 (T. 224), 11 B.; *Parkpension,* Wiesenweg 4 (T. 7002), 16 B. Fördeschiffe nach Kiel und Schilksee/Strande, Ausflugsfahrten nach Bagenkop/Dänemark. Stadtbus nach Kiel Linie 54; Omnibus nach Schönberg.

Das ****Marine-Ehrenmal** des Deutschen Marinebundes, Wahrzeichen der Förde, auf altem Panzerturmgelände am Nordende von Laboe, ist das Ehrenmal der deutschen Marine für die 35000 Gefallenen des Ersten Weltkrieges und nun auch Mahnmal für die 120000 des Zweiten Weltkrieges. Die Gesamtanlage wurde 1927–36 nach Plänen von G. A. Munzer erbaut. Der Turm ist in seiner schlanken, straffen, die Erinnerung an einen Schiffsbug wachrufenden Form überaus kühn, monumental und von symbolischer Ausdruckskraft. Höhe 85 m über dem Meeresspiegel, 72 m vom Fuß. Der Betonkern ist mit Bockholmer Klinkern umkleidet, die Rippe besteht aus Granitblöcken, die von den Laboeer Fischern vom Meeresgrund heraufgeholt wurden. Die Plattform (2 Fahrstühle oder 337 Stufen) bietet einen weiten, herrlichen Blick über die Förde bis zur Stadt, über die Probstei und den Dänischen Wohld; im Vordergrund der Bülker Leuchtturm und der Leuchtturm Kiel weit in der Außenförde. Bei guter Sicht zeichnen sich die Dänischen Inseln, die Fehmarnbrücke und die Hügel der Holsteinischen Schweiz ab. An Bord deutscher Kriegsschiffe wird beim Vorüberfahren als militärische Ehrenbezeigung “Front” gepfiffen und die Flagge gedippt. Seit 1954 ist das Ehrenmal wieder in Händen des Marinebundes, der es erbaut hat.

Die EHRENHALLE unten im Turm zeigt an den Wänden in Sgraffito ungemein eindrucksvoll die *Schattenrisse* aller verlorenen Schiffe, Luftschiffe und Marineflugzeuge. Ein 49 m langer *Heimatwimpel* weht in der hohen Treppenhalle von oben herab. Eine *Gedenktafel* der Heimatvertriebenen erinnert an die ruhmvolle Rettung von 2 Millionen Ostflüchtlingen durch die letzten Schiffe der deutschen Kriegsmarine.

Im ersten Stock des Turmes wird der Skagerakschlacht und der Seefliegerei gedacht; im zweiten Stock befindet sich der *Flaggenraum,* in dem die deutschen Marineflaggen seit 300 Jahren, insgesamt 10, angefangen von der kurbrandenburgischen Marine bis zur Flagge der heutigen Bundesmarine, aufgehängt sind.

Vom Turm gelangt man durch einen dämmerigen Gang in die unterirdische WEIHEHALLE, einen runden, flachgewölbten Raum, dessen einziges, blau verglastes Oberlicht den Eindruck der Meerestiefe erweckt. In der Mitte ein *Mosaikbrunnen* mit dem Ehrenbuch, das die Namen der 35 000 Gefallenen des Ersten Weltkrieges enthält. Eigenartige Echowirkung im Raum. – Darüber befindet sich der weite, von einem Pfeilerkranz umschlossene EHRENHOF, der 20 000 Menschen fassen kann.

Von der Ehrenhalle steigt ein Gang wieder aufwärts zu der rückwärtigen, 64 m langen HISTORISCHEN HALLE. In ihr werden in vier Abteilungen durch Schaubilder mit gemaltem Text, durch gemalte Karten historischer Geschehnisse, durch Schiffsabbildungen und Modelle die Entwicklung und die Leistungen der deutschen Seefahrt in Krieg und Frieden gewürdigt.

I. Abt./*Vorgeschichte:* 1. Frühe Zeit, 2. Hansezeit, 3. Ozeanische Zeit, 4. Zerfall des alten Reiches, 5. Neues Kaiserreich. – II. Abt./*Erster Weltkrieg:* 1. Seekrieg, Luftkrieg, Hilfskreuzereinsatz, 2. Kampf um die Dardanellen, 3. Skagerrakschlacht, 4. Seekrieg, Handelskrieg, 5. U-Boote, Hilfskreuzer. – III. Abt./*Zweiter Weltkrieg:* 1. Küstenvorfeld, 2. Küsten- und Hafenschutz, 3. Kriegsende in der Ostsee (Rettung der Flüchtlinge), 4. Kriegseinsatz der Handelsschiffe, 5. Der Minenkrieg. – IV. Abt./*Seeschiffahrt, Nautik, Meeresforschung.* 1. Modell der Kieler Förde, 2. U-Bootsraum.

Das **U-Boot-Museum.** Seit 1972 steht vor dem Marine-Ehrenmal unten am Fördeufer zur Besichtigung das ehemalige U-Boot U 995 vom Typ VII C/41. Es ist 1943 auf der Werft Blohm & Voß in Hamburg gebaut worden und wurde im Operationsgebiet Nordmeer mit Heimathafen Narvik eingesetzt. Dort versenkte es Frachter, Dampfer, Geleitboote und Zerstörer; der Kommandant erhielt das Ritterkreuz. Bei Kriegsende wurde es auf der Werft von Trondheim an Norwegen übergeben und fuhr 1952 bis 1962 als 'Kaura' unter norwegischer Flagge. 1965 übergab Norwegen den Kriegsveteranen als Geschenk der Bundesmarine, die das Boot in seinen ursprünglichen Zustand versetzt und 1972 dem Deutschen Marinebund in Obhut gegeben hat.

DATEN

67,2 m Länge	Fahrstrecke über Wasser 10 000 Sm
6,2 m Breite	Fahrstrecke unter Wasser 130 Sm
9,55 m Höhe	Treibölvorrat 113 t
4,78 m Tiefgang	4 Bugtorpedorohre 53 cm
Verdrängung über Wasser 759 cbm	1 Hecktorpedorohr 53 cm
Verdrängung unter Wasser 1070 cbm	12 Torpedos
Größte erreichbare Tauchtiefe 240 m	1 Flak 3,7 cm
Tauchzeit 30 sec.	2 Flak 2 cm
2 MAN 6 Zyl. Diesel je 1400 PS	4 Offiziere
2 BBC-E-Maschinen je 375 PS,	4 Oberfeldwebel
Geschw. über Wasser 17 kn	10 Unteroffiziere
Geschw. unter Wasser 7.6 kn	27–34 Mann

10. Die Probstei

Omnibus: a. Kiel–Schönberger Strand 31 km, über 9 km Schönkirchen – 12 km Muxall – 15 km Probsteierhagen – 17 km Passade – 19 km Fiefbergen – 22 km Schönberg – 27 km Ferienzentrum Holm – 28 km Kalifornien. b. Laboe–Schönberg 19 km, über 2 km Neustein – 4 km Stein – 6 km Marina Wendtorf – 7 km Wendtorf – 9 km Lutterbek – 12 km Barsbek – 14 km Wisch. – c. Schönberg–Heidkate 8 km, über 4 km Wisch, nur im Sommer. – Kleinbahn nach Schönberg ab Kiel Hbf, 22 km in 38 Minuten, 1 mal tgl in 37 Minuten/Mo.–Fr. An Sommersonntagen *Museumszugbetrieb* von Schönberg nach Schönbergerstrand (4 km).

Rundfahrt durch die Probstei mit Pkw, 67 km: Kiel – 5 km Wellingdorf – 11 km Heikendorf – 19 km Laboe – 21 km Neustein – 23 km Stein – 25 km Marina Wendtorf – 26 km Wendtorf – 29 km Barsbek – 30 km Wisch – 34 km Heidkate – 37 km Kalifornien – 38 km Holm – 41 km Schönberger Strand – 45 km Schönberg – 50 km Passade – 52 km Probsteierhagen – 58 km Schönkirchen – 67 km Kiel.

Probstei ist der Name jener reizvollen Landschaft, die das Küstenstück ostwärts der Kieler Förde bildet und einst Besitz des Klosters Preetz war. Obwohl der Name vielfach summarisch für die ganze Halbinsel zwischen Kieler Förde und Hohwachter Bucht verwendet wird, ist die eigentliche Probstei nur das ca 16 km lange Küstenstück zwischen Laboe und Stakendorf und reicht im Süden nur bis zum Passader See. Die Landschaft ist ein flaches, fast waldloses Grundmoränengebiet, dessen höchste Erhebung 18,5 m ist; nördlich davor liegt ein etwa 2 km breiter Streifen von Salzwiesen, die durch den breiten Strandwall begrenzt sind. Das insgesamt 95 qkm große Gebiet umfaßt zwanzig Bauerndörfer, deren Zentrum und Markt das in der Mitte gelegene Schönberg ist. Als Badeorte werden Laboe, Stein, Wendtorf einschl. Marina Wendtorf, Heidkate, Holm mit Kalifornien und Schönberger Strand besucht. Die Probstei ist lieblich und reich an Getreide, Obst und Gemüse. Ihr Saatgut war weithin bekannt. Die Dörfer liegen zumeist an einem von Pappeln umstandenen Teich. Das Probsteier Bauernhaus ist ein weiträumiges, etwas abgeändertes Niedersachsenhaus von besonderem Schmuckreichtum. Eine eigenständige Volkskunst, die geschnitzte Truhen, Schränke, auch Keramik, Spitzen und Eßgeräte hervorbrachte, hatte sich bis um 1800 überall gehalten.

Das zunächst von Wenden spärlich besiedelte Land wurde 1226 vom Grafen Adolf IV. dem neugegründeten Kloster Preetz zu Lehen gegeben und einem eigenen Probsten unterstellt. Auf diese Klosterherrschaft geht der Name Probstei zurück; das Wort ‘Probsteier’ taucht 1613 auf. Ursprünglich war das Gebiet ein einziger Wald, der durch westfälische Kolonisten 1226–59 urbar gemacht wurde, eine wirtschaftliche Meisterleistung. Die Kolonisten waren seit je mehr freie Bauern als Leibeigene, wenn sie auch als ‘Mannen’ des Klosters manche Dienste zu leisten hatten. Sie hatten eigenes 'Ding und Recht' und schon 1580 eine Kommunalverfassung mit Bauernvogt in jedem Dorf, Kirchenjuraten und einem Klostervogt. So entwickelte sich hier im Gegensatz zu Ostholstein von Anbeginn ein kräftiges Bauerntum mit wohlhabenden Dörfern und einem reichen Volksleben mit besonderen Bräuchen, Sitten und Trachten, von denen man sich in der Probsteier Sammlung des Landesmuseums in Schleswig ein Bild machen kann. Nach der Reformation blieb nur die wirtschaftliche Bindung an das Kloster bestehen: 1867 wurde die Klostergerichtsbarkeit aufgehoben. Laboe s. S. 78.

Neustein liegt 2 km nördlich von Laboe an der Mündung der Hagener Au mit Campingplatz und dem Hotel Neustein (58 B.).

Stein, 3 km nördlich von Laboe schon an der freien Ostsee gelegen, ist ein Bauern- und Fischerdorf von 400 Einwohnern, das zu einem beliebten, wenn auch einfachen Strandbad geworden ist, mit vorgelagerten Sandbänken, einer 500 m langen, ins Meer hinaus gebauten Bademole und flachem feinsandigem Strand.

Marina Wendtorf, 2 km östlich von Stein, ist ein modernes Erholungszentrum, das 1972 zwischen der Bottsander Bucht und dem Barsbeker See neu erbaut wurde. Ein Ferienort mit Clubcharakter, 500 Appartments in einem Gebäudekomplex in drei- bis elfgeschossiger Bauweise, Hafen für 580 Jollen und Yachten, über einen Steg zugängliche Badeinsel mit Sandstrand, vielerlei Sportanlagen. Die Bottsander Bucht wird begrenzt von der *Halbinsel Bottsand,* einem Naturschutzgebiet mit typischer Strandflora und -fauna, Brut- und Raststätte zahlreicher Seevögel. 2 km weiter nördlich, am Anfang der Kolberger Heide, der Campingplatz, der FKK-Strand und die Wendtorfer Schleuse. 1 km landeinwärts liegt *Wendtorf* mit 560 Einwohnern, das einen kleinen Kurpark und auch einen eigenen Strand westlich der Marina hat.

Die **Kolberger Heide.** Zwischen Stein im Westen und Schönberger Strand im Osten grenzt ein 12,2 km langer, 4 m hoher Deich die Probstei gegen das hier stark anbrandende Meer ab. Der 2 km breite Streifen von Salzwiesen hinter dem Deich ist der Rest der Kolberger Heide, die bis zur Sturmflut von 1725 etwa 1 km weiter in die Ostsee reichte und ihren Namen nach dem damals versunkenen Koldenhof oder Kolberger Hof trägt. Am 1. Juli 1644 besiegte Christian IV. auf der Kolberger Heide die schwedische Flotte, eine Ruhmestat, die in die frühere dänische Nationalhymne eingegangen ist. Heute haben sich hier außer dem schon älteren Schönberger Strand die neueren Badeorte *Heidkate* und *Holm* mit der Strandzone *Kalifornien* und zahlreichen Campingplätzen entwickelt.

Heidkate, 4 km nördlich von Wisch an der B 502, ist von dort über Fernwisch, einen stattlichen Hof, der seit 1574 im Besitz der Familie Stoltenberg ist, zu erreichen, und war einst Schäferhaus dieses Hofes.

Heute ist es ein idyllisch gelegenes Ostseebad mit Naturstrand, bewaldetem Hinterland und Campingplatz. Das landeinwärts gelegene *Wisch* (500 Einw.) ist ein Dorf mit bäuerlichen Ferienquartieren; im südlich gelegenen *Krokau* eine der wenigen erhaltenen Windmühlen, ein sog. Erdholländer. Das 1 km westlich gelegene *Barsbek* ist eines der am besten erhaltenen Probsteier Dörfer. Das im Kieler Freilichtmuseum wiederaufgebaute Probsteier Bauernhaus stammt aus Barsbek.

Holm. Das Ferienzentrum Holm, von Heidkate über eine Nebenstraße längs des Deiches oder von Schönberg auf der K 15 zu erreichen, wurde 1972 eröffnet. Es besteht aus einem 18-geschossigen Hochhaus und zwei 4-geschossigen Appartementhäusern, insgesamt 550 Appartements, einem beheizten Süßwasserschwimmbad und vielerlei Spiel- und Sporteinrichtungen. Nahebei das *Ostseesanatorium Holm,* das Herz- und Kreislauferkrankungen behandelt. Die hier Kalifornien genannte und mit Fremdenheimen und zahlreichen Wochenendhäusern besetzte Strandzone liegt in 500 m Entfernung. Der Deich dient als Strandpromenade.

Schönberger Strand, 4 km nordwestlich von Schönberg, ist ein beliebtes Familienbad mit langem Deich, auf dem man zu den Feriensiedlungen Brasilien und Kalifornien wandern kann.

HOTELS in Schönberger Strand (Vorwahl 04344): *Kurhotel,* Promenade 25 (T. 96 25), 33 B.; *Haus am Meer,* Promenade 8 (T. 96 26), 22 B.; *Strandschlößchen,* Promenade 40 (T. 99 48), 20 B.; *Haus Rosengarten,* Berliner Straße 1 (T. 7 36), 20 B.; *Pension Ostsee,* Deepenweg 16 (T. 16 00), 24 B.

HOTELS in Kalifornien (Vorwahl 04344): *Kalifornien* (T. 13 88), 28 B.; *Seestern* (T. 14 65), 24 B.; *Haus Wokersien* (T. 7 41), 43 B.; *Haus Nordstern* (T. 91 37), 22 B.; *Haus Karin* (T. 7 42), 23 B.; u. a. – Campingplatz: Kalifornia (630 Plätze).

Schönberg (15 m) ist der Hauptort der Probstei, der schon immer einen gewerblichen Einschlag hatte (4 000 Einwohner). Der alte Dorfcharakter hat sich durch neue Straßen, moderne Geschäfte, eine Finnenhaussiedlung im Süden und Wochenendsiedlungen weitgehend verändert. 1259 wird der Ort schon erwähnt. 1779 brannte er völlig nieder. Die Pfarrkirche wurde 1780–82 von J.A. Richter neu erbaut als langgezogener, achteckiger, heller Saalbau mit vorgesetztem quadratischem Turm (1784), der abgekantete Ecken und eine offene Laterne mit Zwiebelhaube über einem flachen Zeltdach hat. Der lichte Raum hat einen bis zur Decke reichenden Kanzelaltar.

HOTELS in Schönberg (Vorwahl 04344): *Bahnhofshotel,* Bahnhofstraße (T. 13 05), 19 B.; *Stadt Kiel,* Am Markt 9 (T. 13 54), 19 B.; *Gasthof Witt* in Krummbek, 2 km südöstlich (T. 15 68), 53 B.

Passade, dessen Name (Putzade) auf slawischen Ursprung schließen läßt, war ein adliger Hof und kam erst 1773 an das Kloster Preetz. Der Ort (200 Einw.) liegt hübsch an der Nordspitze des Passader Sees. Westlich des Dorfes der Irrgarten (Gaststätte), Rest der ehemals größten Seidenraupenzucht Norddeutschlands.

Probsteierhagen, am Südende der Probstei (1 550 Einw.), liegt im Tal der Hagener Au, die aus dem Passader See kommt. Der Name ist das Gegenstück zu Dänischenhagen am anderen Fördeufer und wurde 1259 erstmals urkundlich erwähnt. – Das *Herrenhaus Hagen* ist ein Dreiflügelbau mit Staffelgiebeln und Treppenturm in der Mitte, eine Bauweise, die im 17. Jh. in Holstein aufkam (jetzt Schule). Es wurde 1649 von Heinrich Blome neu erbaut. Im Innern drei Supraporten, um 1700 von Verbrüggen gemalt, und Stukkaturen im Knorpelwerkstil (um 1650) mit Doppelwappen der Familie Pogwisch-Blome. In dem der Gemeinde gehörenden Hause gelegentlich öffentliche Konzerte. Südlich des Herrenhauses schließt sich der hübsch an der Hagener Au gelegene *Schloßpark* an, dessen Baumbestand z. T. über 300 Jahre alt ist. – Die *Kirche* auf einer lindenumstandenen Anhöhe wurde 1240 in Feldstein erbaut, 1787 von J.A. Richter in Backstein erneuert und erweitert. Der Turm trägt einen schlanken, geschweiften Helm. Der Chor ist 1722 von C.E. Brenno mit zarter Stukkatur und Deckenmalerei reich ausgeschmückt. Der Altar, ein Hauptwerk des Akanthusbarock, ist ein Werk des Kieler Meisters Theodor Allers von 1695, die Orgel und die Kanzel wurden 1715/16 geschnitzt, die Taufe 1457 als Kessel mit drei Trägerfiguren gegossen.

Schönkirchen ist seiner Entstehung nach ein Runddorf, heute Kieler Wohnvorort mit 5 800 Einwohnern. Die *Kirche* ist ein frühgotischer Feldsteinbau, hat einen sehr bewegten, völlig in Schmuckformen und Figuren aufgelösten Barockaltar mit Abendmahl und Kreuzigung, von Hans Gudewerdt d. J. 1633 aus Eichenholz geschnitzt. Das berühmte Werk wurde 1949–53 von seiner Übermalung befreit und ist nun in seinem wahrscheinlich originalen Zustand. Kanzel von 1591 mit Reliefdarstellungen. Gruftbau für die Familie v. Blome an der Nordseite der Kirche (1619). – Das *Gildehaus* in der Nähe des Dorfteiches ist ein altholsteinisches Bauernhaus, nach einem Brand jüngst wiederhergestellt, mit altem Hausrat ausgestattet und bewohnt. Es war kirchlicher Besitz und diente seit 1560 der 'Großen Brand- und Kirchengilde' als Versammlungshaus.

5,5 km östlich von Schönkirchen liegt **Dobersdorf** am gleichnamigen See. Dieser hat bewaldete Ufer, zahlreiche Bläßhuhnkolonien und ist sehr fischreich. Das Herrenhaus des ehemaligen Gutes Dobersdorf, 1770–72 von Greggenhöfer (s. Tafel) für Christoph v. Blome in edlen Proportionen gebaut, liegt in einem verwilderten Park und ist in seinem Äußeren leider stark vernachlässigt.

11. Der Dänische Wohld

Postbus: Kiel–Gettorf 44 km: 7 km Holtenau – 10 km Stift – 12 km Altenholz – 17 km Dänischenhagen – 21 km Sprenge – 26 km Dänisch Nienhof – 29 km Surendorf – 31 km Krusendorf – 34 km Noer. Rundfahrt mit Pkw 63 km: Kiel – 6 km Brücke Holtenau – 12 km Schilksee – 14 km Strande – 18 km Stohl – 20 km Dänisch-Nienhof – 23 km Surendorf – 25 km Krusendorf – 28 km Noer – 32 km Borghorst – 35 km Gettorf – 38 km Osdorf – 41 km Hünengräber vor Birkenmoor – 45 km Sprenge – 50 km Dänischenhagen – 53 km Altenholz – 55 km Stift – 63 km Kiel.

Dänischer Wohld oder *Dänischwohld* heißt die Küstenlandschaft zwischen der Kieler Förde und der Eckernförder Bucht. Sie ist etwa 20 km breit und bis zum Nord-Ostsee-Kanal im Süden 12 km tief. Der Name ‘Dänischer Wohld’ stammt aus dem Mittelalter, als das Land noch dicht bewaldet und kaum besiedelt war. Nach der Kolonisation Ostholsteins im 13. Jh. wurde auch diese Halbinsel von holsteinischen und anderen Kolonisten besiedelt, später aber durch Legung von Bauerndörfern im 16. und 17. Jh. rein adeliges Gutsgebiet, der sog. ‘Dänischwohlder Güterdistrikt’, mit zahlreichen Herrenhäusern und nur dünner Besiedlung. So hat die Landschaft wenige Dörfer und Kirchen. Groß ist die Zahl der Hünengräber, am bekanntesten die bei Birkenmoor und Sprenge. Dem Wanderer bietet sich eine typische Moränenlandschaft mit welligen Äkkern, Weiden und Wiesen, durchzogen von Knicks und Waldstücken. An der Nordküste ist das teilweise bewaldete Steilufer bis 30 m hoch. Strande s. S. 75; Altbülk s. S. 78.

Die verschiedenen kleinen Bäder an der Nordseite des Dänischen Wohld haben sich zur Gemeinde **Schwedeneck** mit 2 200 Einwohnern und Zentrum in Surendorf zusammengeschlossen. Es sind von Osten nach Westen: Stohl, Dänisch-Nienhof, Hohenhain, Surendorf, Krusendorf und die landeinwärts gelegenen Ortsteile Sprenge und Birkenmoor. Schwedeneck hat kaum Hotels, umso mehr Privatpensionen, Ferienwohnungen und Unterkünfte, die ‘Urlaub auf dem Bauernhof’ bieten.

Dänisch Nienhof, einst adeliges Gut, seit 1931 parzelliert, liegt am nördlichsten Punkt zwischen Kieler und Eckernförder Bucht. Die Steilküste, zumal das 1 km östlich gelegene *Stohler Kliff,* ist einer der großartigsten Punkte der Ostseeküste. Schmaler Badestrand unter der hier bewaldeten Steilküste. Das Herrenhaus von 1870 ist heute Kur- und Erholungsheim für Kriegsblinde. Mächtige Eiche von 6,8 m Umfang, schöner Buchenwald. Hotel zur Schmiede (T. 04308/324), 40 B.

Surendorf, großes Dorf und Badeort mit breitem Sandstrand an der Mündung der Laßbek, das seinen Aufschwung der Torpedoversuchsanstalt verdankt, die nach dem Kriege gesprengt, jedoch zum Teil wieder aufgebaut wurde. Besonders schöner und großer Campingplatz oberhalb der Steilküste. Binges Gasthof (T. 04308/204), 20 B.

Krusendorf, 1361 erstmals erwähnt und nach seinem Gründer benannt, hat eine sehenswerte *Kirche* (St. Trinitatis) des 18. Jahrhunderts. Die mittelalterliche Kirche stand an der Steilküste, wo sie abzustürzen drohte; ihre Kirchhofsmauer ist dort noch als Halbkreis erhalten geblieben. Der hohe Kanzelaltar von 1735 hat ein schönes Marmorrelief mit der Kreuzigung, vielleicht italienische Arbeit. Holzgeschnitzte Taufe von 1736 in Form einer achteckigen Regencevase und 1735 eingebaute Gestühlslogen. Die Grabkapelle der Familie von Brockdorff neben der Turmhalle ist durch ein prächtiges schmiedeeisernes Gittertor (1737) abgeschlossen, das Wappen der Familie v. Brockdorff und v. Holstein schmücken. – Am 1 km entfernten Strand die *Siedlung Jellenbek* mit gut gebauten, modernen Ferienhäusern.

Noer, ein seit 1957 aufgesiedeltes Gut, war einst Sitz des Prinzen Friedrich August zu Schleswig-Holstein-Sonderburg-Augustenburg, der 1864 von Kaiser Franz Joseph zum Fürsten von Noer erhoben worden war. Das 1933 abgebrannte Herrenhaus ist im Stil des 18. Jh. wieder aufgebaut worden und seit 1961 Jugendhof mit schönem Park. Der breite Sandstrand liegt in 1 km Entfernung und ist zum Zelten beliebt. – 5 km westlich von Noer an der Kronsbek liegt das Dorf **Aschau,** dem die *Halbinsel Kronsort,* ein Landschaftsschutzgebiet, vorgelagert ist. Der künstlich angelegte Damm hielt einer Sturmflut nicht stand, so daß im Baggerloch ein Strandsee, das ‘Aschauer Baggerloch’, entstand. 4 km südwestlich von Noer liegt in schöner Waldlandschaft das *Gut Borghorst,* das noch z. T. von Wassergräben umgeben ist und dessen Herrenhaus von 1742 ein besonders schön gearbeitetes Portal aufweist.

Gettorf ist mit 4500 Einwohnern das größte Kirchdorf und das Marktzentrum des Dänischen Wohld. Saatgut, Kunsttöpferei. Der große, städtisch anmutende Ort wird 1259 zuerst erwähnt und war im Mittelalter ein Wallfahrtsort. Die große *Kirche* ist ein einschiffiger, gewölbter Bau aus frühgotischer Zeit (ca 1300). Sehr langes Schiff mit Feldsteinsockel, spitzer, weiß verblendeter Westturm (64 m) des 15. Jh. mit eingehauenen Zeichen. Der Südanbau, Marienkapelle genannt, stammt von 1509. Der Marienaltar, ein altes Wallfahrtsbild, ist ein Schnitzwerk von 1510 in Lübecker Art, mit vier Reliefs in den Flügeln. Die Bronzetaufe ist ein figurenreicher, etwas roher Guß von 1424. Die Kanzel, eine der schönsten im Lande, wurde 1598 von Hans Gudewerdt d.Ä. geschnitzt; sie ist ungewöhnlich durch die Doppelreihe von Reliefscenen. Alte Grabsteine. Der *Ehrenhain* für die Gefallenen beider Weltkriege wurde 1956/57 angelegt. Gettorf besitzt einen *Tierpark* mit einer Tropenhalle, die insbesondere von Affen und bunten Vögeln belebt ist.

OSDORF (1670 Einw.), ist ein größeres Dorf nordöstlich von Gettorf. Beiderseits der von hier nach Sprenge führenden Landstraße liegen mehrere Hünengräber, besonders kurz vor Birkenmoor.

Dänischenhagen, das nordöstliche Kirchspiel, 1274 zuerst erwähnt, liegt an der zur Förde fließenden Mühlenau (1930 Einw.). Die hochgelegene *Kirche* ist ein Bau des 13. Jh. aus behauenen Feldsteinen, im 18. Jh. in Backstein erweitert und 1952 recht glücklich erneuert, wobei man die freigelegte Balkendecke farbenfroh bemalte. Der Altar stammt von 1798, da der schöne Schnitzaltar von Hans Gudewerdt d. J. (1656) im Jahre 1843 dem Preetzer Kloster überlassen wurde. Die älteste Glocke stammt von 1435. – 2 km nordöstlich liegt das *Gut Eckhof,* in dessen 1774 erbautem Herrenhaus Klopstock häufig zu Gast war und dessen weiten Ausblick zur Ostsee er in einem Gedicht preist. Der damalige Eigentümer, Graf Friedrich Wilhelm von Holck, hob 1786 die Leibeigenschaft auf und ließ für die Freigelassenen die Siedlung Freidorf, nordwestlich von Eckhof, errichten.

12. Das Westenseegebiet

OMNIBUS der Fa. Autokraft: a. Rundverkehr in beiden Richtungen von Kiel um den Westensee zurück nach Kiel, 58 km: – 13 km Achterwehr – 20 km Westensee – 27 km Emkendorf – 30 km Deutsch-Nienhof – 33 km Wrohe – 36 km Schierensee – 40 km Rumohr – 43 km Rodenbek – 45,5 km Hohenhude – 48 km Rodenbek – 50 km Mielkendorf. b. Kiel–Schierensee, 18 km: – 8 km Mielkendorf – 10 km Rodenbek – 13 km Rumohr; einige Busse machen Stichfahrten von Rodenbek nach Hohenhude, hin und zurück 5 km. Die Bundesbahnstrecke und die Buslinie Kiel-Rendsburg berühren das Westenseegebiet in Achterwehr.

Rundfahrt mit Pkw um den Westensee 40 bzw 48 km: 13 km Achterwehr – 19 km Abzw. Emkendorf, dann entweder am See entlang (für PKW Sa ab 13 Uhr und So ab Westensee gesperrt) über 20 km Westensee – 24 km Wrohe – 28 km Hohenhude – 30 km Steinfurth – 31 km Schönwohld; oder an den Herrenhäusern vorbei über 20 km Bossee – 24 km Emkendorf – 28 km Deutsch-Nienhof – 32 km Schierensee – 38 km Steinfurth – 39 km Schönwohld. Beide Rundfahrten können kombiniert werden, indem man ab Steinfurth den anderen Weg in entgegengesetzter Richtung zurückfährt.

Der **Westensee,** 12 km westlich von Kiel, liegt im Norden eines 1960 gegründeten Naturparkes, dem er seinen Namen verleiht und der ein 420 qkm großes Gebiet im Städtedreieck Kiel–Rendsburg–Nortorf einnimmt. Er ist ein beliebtes Ausflugsgebiet der Kieler. Die von Wäldern durchsetzte Moränenlandschaft bietet Gelegenheit zu schönen Wanderungen, der *Tüteberg* (88 m) eine weite Aussicht. Sehenswerte Ziele sind auch die “drei Schlösser am Westensee” *Emkendorf, Deutsch-Nienhof* und *Schierensee,* die als Beispiele alter schleswig-holsteinischer Herrensitze einen Besuch lohnen, auch wenn eine Innenbesichtigung nicht in jedem Falle, bzw. nicht immer möglich ist. Der Westensee wird von der *Eider* durchflossen, einem Fluß, in dessen natürliche Verhältnisse gewaltsame Eingriffe vorgenommen worden sind, nachdem schon ihre ursprüngliche Mündung in die Kieler Förde durch eine eiszeitliche Moräne zugeschüttet worden war. Beim Bau des Nord-Ostsee-Kanals ist die Obereider diesem zugeführt worden und ihr Wasser dadurch von dem der Untereider, die nun bei Rendsburg beginnt, getrennt worden. Die Quelle der Eider liegt südöstlich von Bordesholm, der Fluß fließt dann nordwärts bis vor Kiel, wendet sich im kleinen Schulensee scharf nach Westen und mündet nach etwa 7 km in den großen, schönen Westensee. Diesen verläßt sie in nördlicher Richtung, um nach kurzem Lauf 2 km nördlich von Flemhude in den Nord-Ostsee-Kanal einzumünden. Der Westensee (8 qkm) ist der größte unter den zahlreichen Seen im Gebiet der oberen Eider. Mit 6 km Länge und 3,5 km Breite ist er der drittgrößte See Holsteins und in der tiefen Gliederung seiner Ufer einer der schönsten, namentlich in den Waldpartien des Ostufers. Er ist reich an Fischen, vor allem an Aalen. Um den See ist Landschaftsschutzgebiet, das Bootfahren auf ihm verboten. Im Mittelalter ging über die Eider und durch den See der Überlieferung nach ein Handelsweg flämischer Kaufleute nach Osten. Um den See liegen mehrere große Güter, von denen einige als Herrensitze nicht nur repräsentative Gutshäuser besitzen, sondern auch auf eine bedeutende politische und kulturgeschichtliche Vergangenheit zurückblicken können.

Von Kiel auf der *B 202* in Richtung Rendsburg durch den Vorort Russee bis Achterwehr.

Achterwehr (Beckmanns Gasthof), Dorf von 600 Einwohnern an der Eider. Nördlich des Dorfes der *Flemhuder See,* der beim Bau des Nord-Ostsee-Kanals angeschnitten und zur Hälfte abgesenkt wurde. Die Eider, die den See durchzogen hatte, wurde in einem Ringkanal dicht am Ostufer des Sees entlang geführt. Die 3 km lange Landzunge zwischen See und Kanal ist Landschaftsschutzgebiet. An diesem Kanal liegt, 1 km nördlich von Achterwehr, das alte Dorf FLEMHUDE (Gasth. zum Lindenkrug), das schon 1280 urkundlich erwähnt wird. Im 13. Jahrhundert soll hier ein Stapelplatz gewesen sein, worauf der Name Flemhude (Stapelplatz der Flamen) hindeutet. Die Kirche ist ein Feldsteinbau von 1240 mit Dachreiter von Sonnin (1766) und soll ehemals Packhaus der Flamen gewesen sein. Reichgeschnitzter Barockaltar von Theodor Allers (1685), den der Gutsherr von Quarnbek als Patron der Kirche gestiftet hat. Frühgotischer Taufstein. – 1 km nordöstlich liegt QUARNBEK, von dessen barocken Gutsbauten nur noch das 1671 erbaute hohe Torhaus erhalten ist.

Nach Marutendorf, 1 St. Fußwanderung von Achterwehr auf der Landenge zwischen Westensee und Ahrensee nach Süden, weiter auf dem steil abfallenden, waldigen Ostufer des Westensees nach dem *Gutshof Marutendorf,* der inmitten von Buchenwäldern an der Einmündung der Eider in den Westensee liegt. Das Gutshaus erbaute 1788 Landstallmeister v. Wiebel. Jenseits der Eider, über die ein Steg führt, liegt Hohenhude (S. 89). Mit Pkw ist Marutendorf von Schönwohld an der B 202 über eine schmale, geschotterte Straße zu erreichen (2 km).

Beim Gut *Klein-Nordsee,* das seinen Namen nach einer im 13. Jh. hier ansässig gewesenen Adelsfamilie v. Norce herleitet, zweigt von der B 202 eine Straße nach Südwesten ab, auf der man den Westensee, streckenweise in Ufernähe, umfahren kann. **Felde/Brandsbek** (auch Bahnstation) ist eine Mittelpunktsgemeinde, um den tiefliegenden, kleinen *Felder See* hübsch gelegen (Gasth. Felder Seegarten). Nach 2 km Abzweigung einer Straße rechts nach Emkendorf. Hier das *Gut Bossee* mit ansehnlichem, von zwei Kavaliershäusern flankiertem Herrenhaus, seit 1824 im Besitz der Familie v. Bülow. Davor ein mächtiges Kuhhaus mit der Jahreszahl 1709 und den Initialen des damaligen Besitzers Jasper Rantzau. Die Stelle des früheren Torhauses nimmt seit 1896 ein gleichzeitig als Uhrturm dienender Wasserturm ein.

Westensee (Beckmanns Gasthof), 1 km südlich der Abzweigung, ist ein Dorf an der Westspitze des Sees in hügeligem Gelände (1 000 Einw.). Die *Pfarrkirche St. Katharina,* in schöner Lage mitten im Dorf, war im Mittelalter Wallfahrtskirche. Der Feldsteinbau des 13. Jh. hat daher einen auffallend großen gotischen Chor mit Gewölben. Turm um 1800. Die Vorhalle im Westen ist als Gefallenenehrung ausgestaltet. An der Westseite des Langhauses der Pohlseer Junkerstuhl (um 1700). An der Südseite drei große Grabplatten des 16. Jh. und die Grabkapellen verschiedener Adelsgeschlechter. Im Chor ein Schnitzaltar von 1510, dessen Flügel fehlen, die Reste eines spätmittelalterlichen Chorgestühls und ein spätromanischer Granittaufstein, der vor ca 100 Jahren im Emkendorfer Forst aufgefunden sein soll, wo er vermutlich im Dreißigjährigen Krieg vor Plünderern versteckt wurde. Im Schiff das Grabmal des Daniel Rantzau, der 1569 als dänischer Feldmarschall in Schweden fiel. Seine Brüder errichteten das einst reiche Renaissancewerk aus Bückeburger Sandstein, doch zerstörten es die Schweden 1645. Es besteht aus einem Wandgrabmal mit zwei Inschrifttafeln und der verstümmelten Figur des Verstorbenen. Der alte Sarkophag und der hölzerne Baldachin sind verschwunden. Gegenüber der Kirche das schmucke *Pastorat* von 1754.

Nach Hohenhude, Fußweg oder Fahrweg am Südufer des Westensees. Man durchquert nach 1 km das auf einer Landspitze gelegene ehem. *Gut Westensee,* dessen Herrenhaus 1921 neu erbaut wurde; landeinwärts zwei idyllische Mühlenteiche; dann am Fuß des *Blotenberges* (69 m) hin über (3 km) *Ekhöft* nach (4 km) **Wrohe** mit den Gaststätten "Der Fischmeister", unmittelbar am See, und "Lustiger Bruder", sowie einem Campingplatz. Nun durch den *Fichtenwald Börner,* der die Landzunge zwischen Westensee und Kleinem Schierensee einnimmt, nach (7½ km) **Hohenhude,** einem abgelegenen Dorf an der Ostspitze des Westensees, in den hier die Eider einmündet. Über sie führt ein Steg nach Marutendorf (S.88). Wie Flemhude war auch Hohenhude bis 1700 Stapelplatz im Warenverkehr. Es gehörte zum 2 km südöstlich gelegenen Gut Annenhof, dessen Besitzer berechtigt war, von den durchfahrenden Prähmen eine sog. Standgebühr zu kassieren. Gasthof Eiderschweiz mit hübscher Aussicht.

Auf den Tüteberg ½ St. Ein Fußweg (alter Kirchensteig) führt vom Dorf Westensee durch Wiesen zum *Tüteberg* (88 m), von dem aus man eine weite Aussicht über die schöne Landschaft bis Rendsburg, Kiel und zu den Hüttener Bergen hat. Der sagenumwobene Berg war eine germanische Kult- und Thingstätte, deren Name wahrscheinlich auf den Ruf "Thiodute" (=Volk zu Hauf) zurückgeht. Weiter in 20 Min. durch den Eichengrund nach Deutsch-Nienhof. (S.92).

2 km südlich von Westensee liegt die Wegekreuzung *Liethberg*. Von hier sind es in westlicher Richtung noch 3,5 km, zuletzt auf einer 1 km langen Allee von mächtigen alten Linden, zu dem adeligen Gut Emkendorf, wohin von der oben genannten Abzweigung bei Bossee auch eine direkte Straße über *Brux* (Gasth. Falkenhof) führt (4 km).

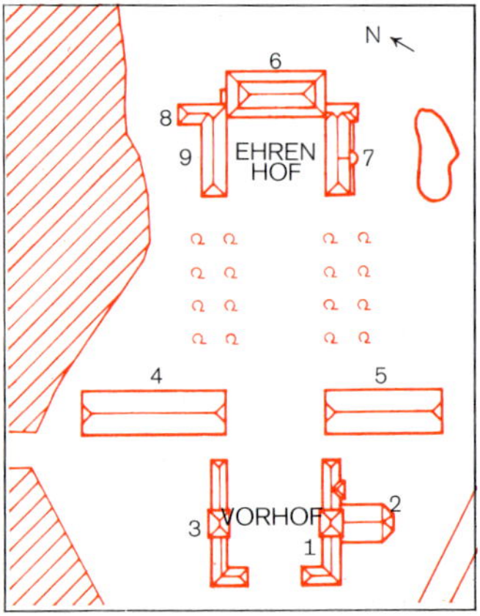

1 Pferdestall 1791
2 Reitstall mit Reitbahn 1855
3 Stallung 1791
4 Kuhhaus 1730
5 Scheune 1745
6 Herrenhaus 1795
7 Gästeflügel, um 1700 umgebaut
8 Küchenanbau um 1800
9 Wirtschaftsflügel, um 1700 umgebaut

Emkendorf, schon 1190 urkundlich erwähnt, war einst das größte Gut des Landes. Seine Glanzzeit als Kulturzentrum des Nordens hatte es um 1800 unter Friedrich Graf von Reventlow (1755–1828) und seiner Gemahlin Julia, Tochter des dänischen Schatzmeisters Heinrich Carl Graf Schimmelmann. Julia wußte sich aus den bedeutendsten Geistern des Landes – u.a. Klopstock, Claudius, Baggesen, Jacobi, J.H. Voß, den beiden Stolbergs – den denkwürdigen literarischen "Emkendorfer Kreis" zu bilden.

Höchst eindrucksvoll ist die lange, in der Abfolge von Vorhof, Rasenvorplatz und Ehrenhof gegliederte und mit Gutsbauten flankierte Zufahrtsallee, die 1771–93 von Carl Gottlob Horn unter Benutzung älterer Bauten geschaffen worden ist. Nahe der Einfahrt die *Stallungsbauten* mit durch dorische Pilaster gegliederten Mittelrisaliten. Dann *Kuhhaus* und *Scheune* von 1730 und 1745, beides mächtige Gebäude.

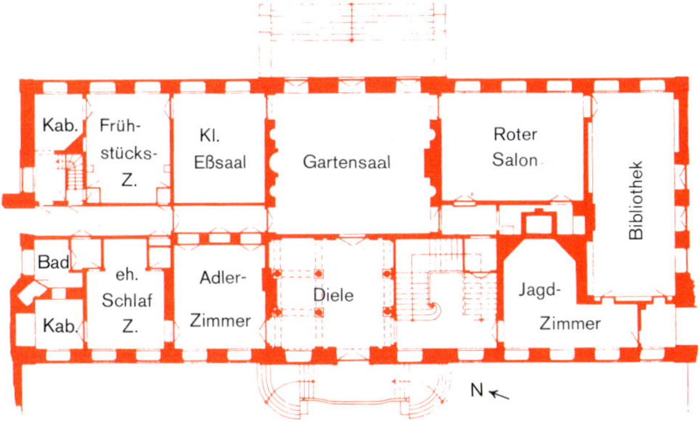

Das HERRENHAUS bietet in Architektur und Ausmalung der Räume ein gutes Beispiel der adeligen Wohnkultur des ausgehenden 18. Jahrhunderts in Schleswig-Holstein. Friedrich von Reventlow, dänischer Gesandter in Stockholm und London, ließ einen älteren barocken Dreiflügelbau 1794–1802 von C.G. Horn im Louis-Seize-Stil umgestalten. Die Hof- und die Gartenseite wurden im Mittelteil durch Pilaster gegliedert und mit Dreiecksgiebeln versehen, die Hofseite um 1840 noch einmal verändert. Die Räume ließ er von Francesco Antonio Tadey aus Lugano mit Stuckdecken schmücken und von dem Italiener Guiseppe Anselmo Pellicia in graziöser, phantasievoller Weise in zwanzigjähriger Arbeit mit Wandmalereien nach pompejanischen Vorbildern (Blumen, Ranken, Ornamente und figürliche Darstellungen) ausmalen. Eine Meisterleistung sind die 400 bärtigen Gesichter, keines dem andern gleichend, mit denen Pellicia Wände und Geländer des Treppenhauses schmückte. Viele Gemälde, darunter Kopien nach Raffael, G. Romano, G. Reni, meist wandfest eingebaut. Die Bibliothek wurde erst 1910 eingerichtet. Im Zuge des nach Ausgang der Biedermeierzeit sich ausbreitenden nüchternen Realismus wurden in der zweiten Hälfte des 19. Jh. Wände und Türen teilweise übermalt und erst eine noch lange nicht abgeschlossene Restaurierung hat die alten Malereien wieder zum Vorschein gebracht. – Der Gästeflügel im Süden wurde 1910/11 verändert, u.a. wurden Arkaden angebaut. – Hinter dem Herrenhaus ein großer schöner *Landschaftspark* im englischen Stil mit See, in seinen Anfängen auf Horn zurückgehend. Etwas abseits das *Gartenhaus Klein-Emkendorf* von 1796, in dem Matthias Claudius zeitweise gewohnt hat. Besitzer Helmuth Freiherr von Lüttwitz-Heinrich. Die Räume im Erdgeschoß können nach vorheriger Anmeldung in Gruppen besichtigt werden (Tel. 04330/4 63).

Deutsch-Nienhof, 5 km östlich von Emkendorf, ist bemerkenswert als Bauwerk und wegen seiner Bibliothek zur Landesgeschichte. 1472 wurde es als rantzauische Wasserburg erstmals erwähnt. Von 1654 an besaßen es nacheinander die Familien v. Ahlefeldt, v. Blome, v. Jessen und v. Buchwaldt. 1743 erwarb es der dänische Konferenzrat C.F. v. Heespen, der es 1776 seinem Adoptivsohn, dem Major C.F. v. Hedemann, vermachte. Seitdem ist es im Besitz dieser Familie. Jetziger Besitzer ist Sven von Hedemann-Heespen.

Das HERRENHAUS, einen Dreiflügelbau, erbaute B.v. Ahlefeldt Ende des 17. Jh. auf den Fundamenten der alten Burg, von der noch spätgotische Kreuzgewölbe im Keller erhalten sind; sein Wappen ist noch am Hause sichtbar. Die Fassade erhielt die heutige Gestalt 1792 durch den Architekten Horn, der auch in Emkendorf tätig war. Schöne Ausstattung des 17. und 18. Jahrhunderts, zahlreiche Gemälde und Porträts. In der weiträumigen, 1909 geschaffenen Halle hängen fünf riesige Kupferstiche von Langot (17. Jh.). Die *Bibliothek* von ca 13 000 Bänden hat ihren Schwerpunkt in der Landesgeschichte; sie wird noch heute auf dem laufenden gehalten. Ferner ist ein bedeutendes historisches Archiv vorhanden. Der 12 ha große *Park,* um 1837 von dem hannoverschen Hofgärtner Schaumburg mit Teichterrassen angelegt, besitzt einige botanische Seltenheiten. Im Bereich des Gutes liegen einige Steingräber und Grabhügel der Stein- und Bronzezeit. – Besichtigung des Herrenhauses nur in Ausnahmefällen nach vorheriger schriftlicher Anfrage bei der Gutsverwaltung. Die Benutzung des Archivs und der Bibliothek für wissenschaftliche Zwecke ist gestattet.

Nach Emkendorf 1¼ St. Wanderung am Wulfsteich vorbei durch das Wulfsholz, wo riesige Fichten die Straße säumen, dann durch eine Kastanien-, Ahorn- und Lindenallee nach Emkendorf. Vom *Forsthaus Hopfenkrug* an der Straße nach Bossee führt ein Fußpfad einige hundert Meter in östlicher Richtung zu einem in schönem Buchenhochwald gelegenen *Megalithgrab.*

Schierensee, 4 km östlich von Deutsch-Nienhof, ist wohl der schönste unter den alten Herrensitzen südlich der Eider zwischen Kiel und Rendsburg. Es liegt nahe dem Großen Schierensee in reizender Wald- und Weidelandschaft, 1 km vor dem gleichnamigen Dorfe, am Fuß des Heeschenberges. Wirtschaftshof und Herrenhaus sind anstelle eines Wasserschlosses nach einheitlichem Plan gleichzeitig erbaut. Caspar von Saldern ließ sich Schierensee nach einer erfolgreichen Laufbahn als Diplomat von dem Architekten J.A. Richter 1776–82 als Alterssitz erbauen. Er hatte lange am Zarenhof als russischer Staatsrat und Vertrauter Peters III. und Katharinas gelebt und erfolgreich den Austausch des großfürstlichen Anteils von Holstein und dessen Eingliederung in den dänischen Gesamtstaat betrieben, unter Wahrung des deutschen Charakters des Landes.

Das HERRENHAUS ist ein schmucker Backsteinbau mit Walmdach, kurzen Seitenflügeln, in den Wänden durch Pilaster gegliedert. Über dem Portal groß die Initiale "S" (=Saldern) und im Giebelfeld darüber das Wappen. Die Räume im Erdgeschoß bewahren noch die Ausstattung des 18. Jahrhunderts sowie eine Anzahl bemerkenswerter Porträts aus jener Zeit, darunter viele von Saldernsche Familienbilder und Bilder vom Zarenhof, u. a. im sog. Katharinensaal ein lebensgroßes Porträt der Zarin Katharina II. in kostbarem Rahmen. Wände und Decken mancher Räume sind mit Grisaille-Malereien in einer 'trompe l'oeil' (d. h. täusche das Auge) genannten Maltechnik ausgeschmückt, wobei die dargestellten Ornamente, Figuren usw. in verblüffender Weise plastisch erscheinen.

Saldern war einer der ersten, der in Schleswig-Holstein einen *Park* im englischen Stil anlegte. Er lag auf dem nahen Heeschenberg, ist aber verschwunden bis auf einige Naturtreppen und Grottenreste. Schierensee war bis 1968 im Besitz der Familie von Buchwald, Nachfahren der Familie von Saldern. Seitdem gehört es einem bekannten Zeitungsverleger. Besichtigung nur auf Empfehlung.

Von dem östlich gelegenen großen *Dorf Schierensee* (Gasth. zur Linde) kann man entweder über Annenhof-Rodenbek-Mielkendorf bzw. über Schönwohld oder aber in östlicher Richtung über Rumohr-Molfsee, dann über die B4 nach Kiel zurückfahren. Am Westrand von MOLFSEE der gleichnamige See mit drei Inseln, auf denen ca 15000–20000 Möwen nisten, deren Eier vom 20. April an bis Ende Mai ab 16 Uhr vom Pächter gesammelt und weithin an Feinschmekker, namentlich in Süddeutschland, versandt werden. 1 km hinter Molfsee Abzweigung links zur kurz vor der Kieler Stadtgrenze liegenden Ortschaft RAMMSEE, dem Standort des Freilichtmuseums

13. Ausflüge zur See

Keine deutsche Stadt bietet ähnliche Möglichkeiten, unmittelbar vom Stadtzentrum aus längere oder kürzere Ausflüge zur See zu unternehmen wie Kiel. Bei längerem Aufenthalt in der Stadt ist eine Fahrt mit einem der modernen und meist komfortabel eingerichteten Schiffe unbedingt zu empfehlen, wobei sich Halb-, Ganz- und Zweitagesfahrten anbieten. Auf allen Schiffen gibt es zollbegünstigten Verzehr an Bord und Einkaufsmöglichkeiten im Rahmen der Zollbestimmungen (Spirituosen, Tabakwaren usw.). Die Fahrten finden in der Reisesaison täglich bzw. fast täglich statt. Außerhalb der Saison ist der Verkehr eingeschränkt und die reinen Ausflugsfahrten entfallen ganz. Man erkundige sich bei den Reedereien oder bei den auf Seite 8 genannten Auskunftsstellen. Da die Fahrten, besonders die Tagesfahrten, auch Einkaufszwecken dienen (sog. “Butterfahrten”), sind sie z. T. sehr preiswert.

1. Tagesfahrten zu den dänischen Inseln veranstaltet das Reisebüro Fahrenkrog (Tel. 9 11 60) mit dem Fahrgastschiff “Tom Kyle”. Angelaufen werden im Wechsel die Märchenstadt Aerøskøbing auf Aerø, Sonderborg auf Alsen und Faaborg auf Fünen. Außerdem finden Kaffeefahrten und abendliche Tanzfahrten in See statt. Abfahrt Bahnhofskai.

2. Die Kieler Verkehrs-AG (Tel. 70 12 63) läßt ihr Motorschiff “Friedrichsort” vom Bahnhofskai nach Marstal auf der dänischen Insel Aerø fahren.

3. Auf die Motorfähre “Langeland” der dänischen Langeland-Kiel-Linie (Tel. 3 01 72 50), die 2–3 mal täglich in 2½ Stunden vom Oslokai nach Bagenkop auf Langeland fährt, kann man sein Auto verladen und bis zum Antritt der Rückfahrt eine Fahrt durch die dänische Landschaft, etwa nach Svendborg oder nach Odense auf Fünen machen. Im Sommer zusätzliche Fahrten mit M/S “Andreas Gayk”, allerdings ohne Autoverladung.

4. Die schwedische Stena-Line (Tel. 5 12 51) mit den modernen Schiffen “Stena Olympica” und “Stena Scandinavica” mit je 7 000 BRT versieht den Dienst zwischen Kiel/Oslokai und Göteborg (Schweden). Da die Fahrten nachts stattfinden, sind sie als Ausflugsfahrten weniger geeignet als die Tagesfahrten nach Korsør (Mo nach Nyborg) in Dänemark, die die Reederei während der sonst zwangsläufigen Liegezeit in Kiel durchführt. Fahrtdauer 10 Stunden einschl. 1 Stunde Aufenthalt am Zielort. Ein anderes Schiff der Linie fährt im Sommer einige Male wöchentlich nach Nakskov auf der dänischen Insel Lolland.

5. Der interessanteste und lohnendste Ausflug, den man von Kiel aus zur See unternehmen kann, ist die zweitägige Fahrt nach Oslo mit dem erst 1976 in Dienst gestellten M/S “Kronprins Harald”

(13 000 BRT) oder dem älteren M/S "Prinsesse Ragnhild" (8 500 BRT) der norwegischen Jahre-Line (Tel. 9 12 81). Die Abfahrt erfolgt jeweils mittags in Kiel/Oslokai und in Oslo/Hjortneskaien, die Ankunft in Oslo bzw. Kiel am anderen Morgen. Man passiert noch bei Tageslicht auf der Hinfahrt die dänische Inselwelt, auf der Rückfahrt den malerischen Oslofjord. Die Liegezeit in Oslo (5½ Stunden) bietet ausreichend Zeit für einen Stadtrundgang bzw eine Stadtrundfahrt. Für die Nächtigung stehen 860 Betten (Kronprins Harald) bzw. 530 Betten (Prinsesse Ragnhild) sowie Schlafsessel zur Verfügung. Außerdem ist Platz für 400 bzw. 230 Autos vorhanden.

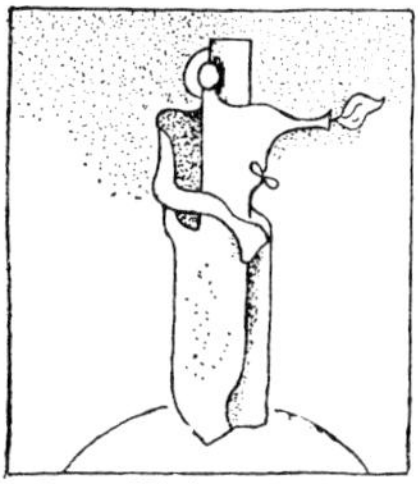

Cesar Klein: Abschied
Aus der Kunsthalle

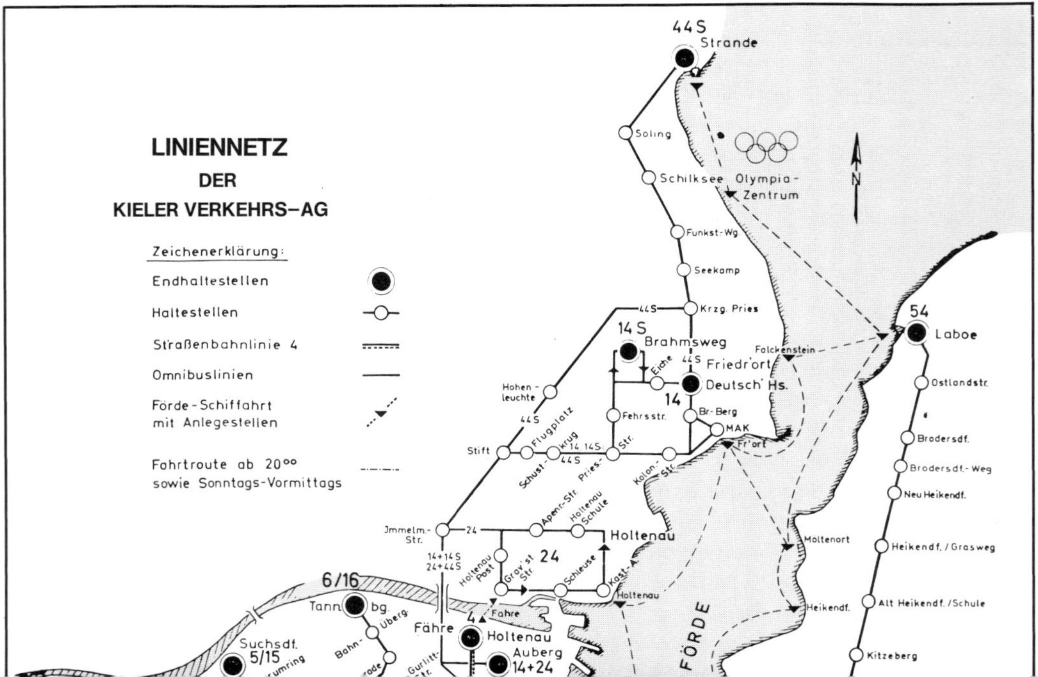

LINIENNETZ
DER
KIELER VERKEHRS–AG
Zeichenerklärung:
Endhaltestellen
Haltestellen
Straßenbahnlinie 4
Omnibuslinien
Förde-Schiffahrt
mit Anlegestellen
Fahrtroute ab 20°°
sowie Sonntags-Vormittags
44S
Strande
Soling
Schilksee
Olympia-
Zentrum
N
Funkst.-Wg.
Seekamp
Krzg. Pries
44S
14 S
Brahmsweg
Eiche
44S
Friedr'ort
Deutsch' Hs.
14
Br.-Berg
MAK
Fr'ort
Falckenstein
Hohen-
leuchte
Fehrsstr.
44S
Flugplatz
Stift
Schust.-
krug
14. 14S
44S
Pries.-
Str.
Kolon.-
Str.
Jmmelm.-
Str.
24
Apenr.-Str.
Holtenau
Schule
Holtenau
14+14S
24+44S
Holtenau
Post
Grav'st.
Str.
24
Schleuse
Kast.-A.
Holtenau
6/16
Tann
bg.
Überg.
Fähre
4
Fähre
Holtenau
Auberg
14+24
Suchsdf.
5/15
Bahn-
Gurlitt-
Str.
FÖRDE
54
Laboe
Ostlandstr.
Brodersdf.
Brodersdf.-Weg
Neu Heikendf.
Möltenort
Heikendf. / Grasweg
Heikendf.
Alt Heikendf. / Schule
Kitzeberg

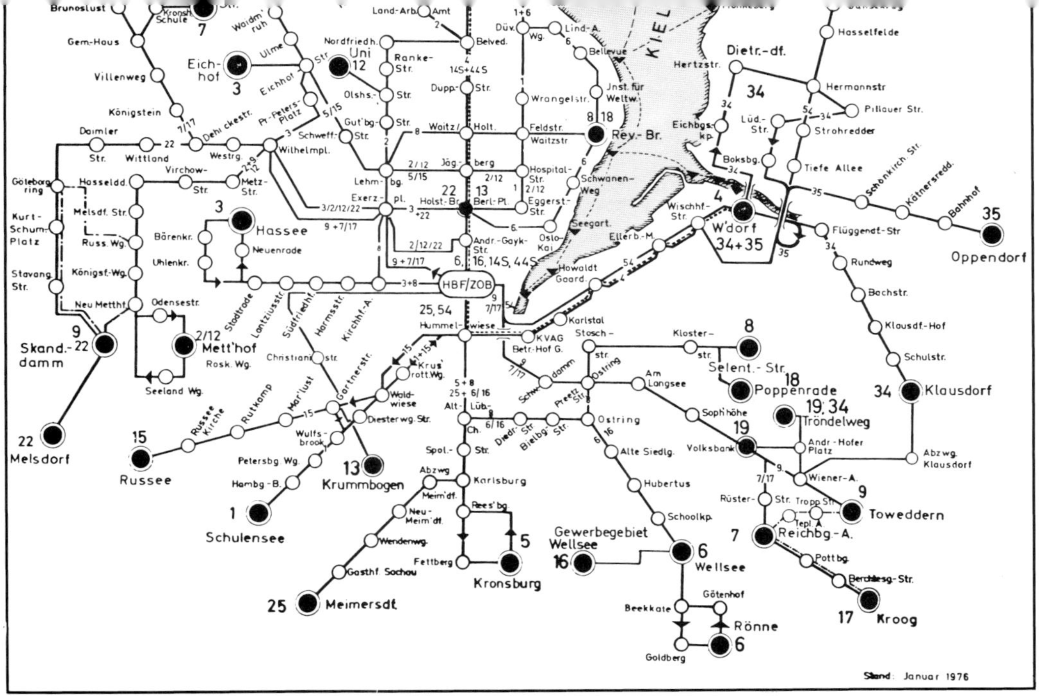

KIEL
HBF/ZOB
Brunoslust
Kronsh. Schule
7
Gem.-Haus
Villenweg
Königstein
Daimler
Str.
Wittland
Göteborg ring
Kurt-Schum.-Platz
Stavang. Str.
Hasseldd.
Melsdf. Str.
Russ. Wg.
Königsf.-Wg.
Neu Metthf.
9
Skand.-damm
22
22
Melsdorf
Odensestr.
2/12
Mett'hof
Rosk. Wg.
Seeland Wg.
Virchow-Str.
Metz-Str.
Westrg.
Wilhelmpl.
Schweff.-Str.
Pr.-Peters-Platz
Eichhof
Eich-hof
3
Ulme
Waldm'ruh
Dehlckestr.
Uni
12
Olshs.-Str.
Gut'bg.-Str.
Nordfriedh.
Ranke-Str.
Land-Arb.
Amt
Belved.
Dupp.-Str.
Waitz/Holt.
Jäg.-berg
Lehm-bg.
Exerz.-pl.
Holst.-Br.
Berl.-Pl.
22
13
Andr.-Gayk-Str.
6, 16, 14S, 44S
14S+44S
3
Hassee
Bärenkr.
Uhlenkr.
Neuenrade
Stadtrade
Lantziusstr.
Südfriedhf.
Harmsstr.
Kirchhf.-A.
Christiani str.
Gartnerstr.
Mar'lust
Rutkamp
Russee Kirche
15
Russee
Petersbg. Wg.
Hambg.-B.
1
Schulensee
Wulfs-brook
Diesterwg. Str.
Wald-wiese
Krus'rott Wg.
13
Krummbogen
25, 54
Hummel-wiese
Alt-Lüb. Ch.
Spol.-Str.
Karlsburg
Abzwg. Meim'df.
Neu-Meim'df.
Wendenwg.
Gasthf. Sochau
25
Meimersdf.
Rees'bg.
Fettberg
5
Kronsburg
Düv. Wg.
Lind.-A.
Bellevue
Jnst. für Weltw.
Wrangelstr.
Feldstr.
Waitzstr.
8 18
Rey.-Br.
Hospital-Str.
Schwanen-Weg
Eggerst.-Str.
Oslo-Kai
Seegart.
Howaldt Gaard.
Ellerb.-M.
Wischhf.-Str.
4
W'dorf
34+35
Karlstal
KVAG
Betr.-Hof G.
Stosch-str.
Schw.-damm
Ostring
Preetz Str.
Diedr.-Str.
Bielbg.-Str.
Ostring
Alte Siedlg.
Hubertus
Schoolkp.
Gewerbegebiet Wellsee
16
6
Wellsee
Beekkate
Götenhof
Goldberg
Rönne
6
Am Langsee
Soph'höhe
Volksbank
19
Kloster-str.
8
Selent.-Str.
18
Poppenrade
19, 34
Tröndelweg
Andr.-Hofer Platz
Wiener-A.
Rüster-Str.
Tropp Str.
Tepl. A.
9
Toweddern
7
Reichbg.-A.
Pottbg.
Berchtesg.-Str.
17
Kroog
Abzwg. Klausdorf
34
Klausdorf
Schulstr.
Klausdf.-Hof
Bachstr.
Rundweg
Flüggendf.-Str.
Dietr.-df.
Hertzstr.
34
Eichbgs.-kp.
Boksbg.
Lüd.-Str.
Tiefe Allee
Strohredder
Hermannstr
Pillauer Str.
Hasselfelde
Schönkirch. Str.
Kätnersredd.
Bahnhof
35
Oppendorf
Stand: Januar 1976

REGISTER

Zusammengefaßt sind: Anlegebrücken, Brücken, Brunnen, Denkmäler, Fachhochschulen, Freiplastiken, Friedhöfe, Häfen, Kirchen, Leuchttürme, Museen, Parkanlagen, Seen, Wildgehege.